MÜNSTERSCHWARZACHER KLEINSCHRIFTEN

herausgegeben
von den Mönchen der Abtei Münsterschwarzach

Band 118

Gabriele Ziegler

Sich selbst wahrnehmen – Die Welt wahrnehmen

VIER-TÜRME-VERLAG MÜNSTERSCHWARZACH
1999

Gabriele Ziegler

Sich selbst wahrnehmen – Die Welt wahrnehmen

Hildegard von Bingen und ihre Symbolsprache

VIER-TÜRME-VERLAG MÜNSTERSCHWARZACH
1999

Die Deutsche Bibliothek – CIP-Einheitsaufnahme

Ziegler, Gabriele:
Sich selbst wahrnehmen – Die Welt wahrnehmen :
Hildegard von Bingen und ihre Symbolsprache. –
1. Aufl. – Münsterschwarzach :
Vier-Türme-Verl., 1999
(Münsterschwarzacher Kleinschriften ; Bd. 118)
ISBN 3-87868-618-8

1. Auflage 1999
Gesamtherstellung: Vier-Türme GmbH, D-97359 Münsterschwarzach Abtei

ISSN 0171-6360
ISBN 3-87868-618-8

„Der Kosmosmensch", Miniatur
Hildegard von Bingen, „LIBER DIVINORUM OPERUM – WELT UND MENSCH", Lucca-Kodex, um 1240, ars liturgica Kunstverlag, D-56653 Maria Lach, Nr. 4741

Inhalt

1. Einleitung: Leben wahrnehmen

Wir bemühen uns mehr oder weniger um gelingendes oder ganzheitliches Leben, um gute Beziehungen, gesunde Ernährung, um religiöse Verankerung und Bildung. Im Suchen nach dem Sinn unseres Lebens vergessen wir zu oft, was uns – im wahrsten Sinn des Wortes – am nächsten ist: unseren Körper. Manchmal möchten wir „aus der Haut fahren“, aber es geht nicht. Alle unsere Lebenserfahrungen machen wir in und mit unserem Körper. Trotzdem vernachlässigen oder überfordern wir ihn. Wir stellen uns vor, einen Körper zu „haben“, den wir benutzen. Er muß büßen für unsere Lebensangst oder unsere Schuldgefühle. Wir strafen ihn für unsere Unzufriedenheit, für mißlungene Beziehungen oder unerfüllte Sehnsucht: Wir essen zuviel, fasten zuviel, vernachlässigen die Körperpflege, entspannen kaum. Aber wir haben nicht nur einen Körper, wir „sind“ Körper. Auf den ersten Seiten der Bibel wird davon gesprochen, daß der Mensch aus „Ackerboden“ (Gen 2,7) erschaffen wurde. Dadurch steht er in Verbindung mit der Erde und allem Lebendigen, Geformten, Erarbeiteten auf ihr.

1.1 Capacitas mundi

Der Mensch hat nach Hildegard von Bingen (1098-1179) die Fähigkeit und ein Instrumentarium, die ihn umgebende Welt wahr- und aufzunehmen. Er nimmt sie aber nicht nur auf, sondern ist selbst ein kleiner Kosmos im großen Kosmos. Kosmos bedeutet sinnvolle und schöne Geordnetheit (lat. ordo). Die Menschen des Mittelalters wollten diese sinnvolle Ordnung dar-

stellen in ihrem Leben, ihrem Glauben und ihrem künstlerischen Gestalten, wie es uns die Kathedralen vor Augen führen: Alle irdische Schönheit verweist auf die unvergängliche. Das Licht der farbigen Fenster, vor allem aber der kunstvoll gestalteten Rosette, steht für das ewige Licht, das Gott ist.
Eine Illustration zum Buch Scivias der Hildegard von Bingen gibt dieser Haltung Ausdruck: Der Mensch steht inmitten eines Rades mit vier Schichten. Die Mitte seines Körpers rund um den Nabel ist in einen Kreis gestellt. Das bedeutet, die Ordnung des Alls spiegelt sich wider im Bau des menschlichen Körpers und dem Wirken von Körper und Seele.
Hildegard spricht von der „capacitas mundi". Diesen lateinischen Ausdruck kann man auf zwei Weisen übersetzen: Erstens mit „Fassungsvermögen der Welt", d.h. die Welt nimmt etwas oder jemanden auf, z.B. Menschen, Sonnenstrahlen und Regen, Samen usw. (sog. genitivus subiectivus). Zweitens kann man diese Wendung übersetzen mit „Fassungsvermögen für die Welt", d.h. die Welt ist Gegenstand der Wahrnehmung, sie wird wahr- und aufgenommen vom Menschen und anderen Kreaturen, aber auch von Gott – sofern man von ihm menschlich sagen kann, daß er etwas wahrnimmt oder aufnimmt (sog. genitivus obiectivus).
Am Beispiel des Magens erklärt Hildegard diese Zusammenhänge: Mit seinem Magen nimmt der Mensch die Nahrung auf, verwandelt sie, führt sie als Nährstoffe dem Organismus zu, scheidet bestimmte Stoffe aus. Ist aber das Aufnahmevermögen des Menschen beschädigt durch körperliche Krankheit oder seelische Belastung, ist der Magen in Mitleidenschaft gezogen und kann seine Aufgabe nicht erfüllen. Ebenso verhält es

sich mit dem Weltorganismus im Ganzen: Ist eine Kreatur unfähig, ihre Aufgaben auszuführen, ist das Ganze in Mitleidenschaft gezogen. Der Prozeß von Aufnehmen – Verwandeln – Weitergeben kann nicht stattfinden (LDO IV, Nr. 71).

Diese Entsprechungen von Körper, Seele und Kosmos auf den unterschiedlichen Wegen der Wahrnehmung und des Aufnehmens werden im Folgenden schwerpunktmäßig erläutert. Im Wahrnehmen seiner selbst wird der Mensch fähig zur Wahrnehmung der ihn umgebenden Welt. Durch die Wahrnehmung äußeren Geschehens und die Reaktion des Empfindens darauf wird aber auch eine innere Welt „erschaffen". Die Gemütsverfassung ordnet die äußere Welt: Sie deutet, versteht, leidet, wehrt ab, bewertet Menschen und Situationen.
Den Körper des Menschen als Organ der Wahrnehmung beschreibt Hildegard von Bingen in Buch IV ihres Liber divinorum operum (LDO). Ausgehend von der Gliederung und den Funktionen des Körpers entwickelt sie in dieser Schrift ihr Verständnis der Symbolik des menschlichen Körperbaus und vollzieht einen Dreischritt: Vom Körper (Anatomie) zur Seele (Psychologie) und zur Gesamtschau der Schöpfung (Kosmologie). Diese Bereiche werden oft auch gleichzeitig oder ineinander verschränkt angesprochen. Hildegards Wahrnehmung ist stets in Bewegung: Sie blickt nach innen (psychologischer Aspekt), nach außen (soziologischer Blick auf die Gemeinschaft der Menschen in der Welt) und nach „oben" (Frage nach Gott und dem Unvergänglichen).
Unsere Darstellung geht aus von der auf S. 5 wiedergegebenen Illustration zu Hildegards Werk. Wir stellen einige ausgewählte Zusammenhänge zur Wahrnehmung in ihrem Außen- und Tiefen-

aspekt dar. Die Ausführungen sollen Anstoß sein zum Nachdenken und – vor allem – zum „Nachfühlen", zum Mitfragen und Mit-Wahrnehmen. Die Kapitel sind so aufgebaut, daß spätere Abschnitte vorher schon eingeführte Symbole vertiefend aufgreifen. Eine Einheit bilden jeweils Kap. 2/3, Kap. 4/5, Kap. 6/7. Der Leser kann auch mit den körperorientierten Übungen aus Kap. 4 beginnen und erst danach die Hintergründe unter den anderen Themen nachlesen.

1.2 Die Distanz zu Hildegards Denken

Ein Mißverständnis soll schon zu Beginn ausgeräumt werden: Es geht in diesen Ausführungen nicht darum, die Medizin unserer Zeit abzuwerten oder dazu aufzufordern, sich nicht mehr in ärztliche Behandlung zu begeben oder körperliche Schmerzen dilettantisch zu „verpsychologisieren". Dies wäre auch nicht im Sinn Hildegards, die alle medizinischen Kenntnisse ihrer Zeit genauestens studierte und jeden einzelnen Menschen nach seiner ihm eigenen unverwechselbaren körperlichen und psychischen Geschichte befragte.

Auch dürfen wir die Distanz zum Denken und zur Prägung Hildegards nicht übersehen. Das Selbstverständnis des Menschen im 11./12. Jahrhundert ist nicht mehr das unsrige. Der Gedanke z.B., daß die Gesellschaftsordnung mit ihrer strengen Ständegliederung, wie Hildegard sie erlebte, gottgegeben sei, ist uns nicht mehr nachvollziehbar. Auch nehmen wir die Bibel nicht mehr als Nachschlagewerk etwa für naturwissenschaftliche Aussagen. Das Wissen schon eines Schulkindes unserer Tage ist umfassender als das der Menschen des Mittelalters.

Hildegards Welt ist nicht die unsrige. Ihre Anschauung über den unterschiedlichen Status von Mann und Frau infolge des Sündenfalles oder ihre Härte in der Ablehnung anders geprägter Religiosität – wie z.B. der sog. Katharer des Mittelalters – bereitet uns Probleme. In diesen und anderen Stellungnahmen ist Hildegard ein Kind ihrer Zeit, eine „ganz normale" und durchaus in sich widersprüchliche Frau.
Aber die Empathie Hildegards, ihre Fähigkeit, sich einzufühlen, ihre wache Wahrnehmung der inneren und äußeren Welt, ihr Fragen nach Zusammenhängen und nach einer übergreifenden Gesamtsicht bildet die Brücke über die Jahrhunderte hinweg und ermöglicht es uns, sozusagen durch die Jahrhunderte hindurchzuhören und hindurchzufragen. Hildegards Begabung nicht nur als Wissenschaftlerin, sondern gleichermaßen als Dichterin und Therapeutin hatte ihre Wurzel auch in dem Wissen um die Kraft und Geschichte von Worten: Jedes Wort hat eine Vergangenheit. Es braucht Reaktion und Dialog, um verstanden zu werden und um etwas zu bewirken.
Was Hildegard so ansprechend und aktuell sein läßt, ist ihr sorgfältiges Achthaben auf den Menschen in seiner Schönheit und seiner Gefährdung. Hildegards Versuch, den Menschen zu einer Einheit mit sich, mit der Gemeinschaft der Menschen und dem Kosmos zu führen, ist die Brücke aus ihrer Zeit zu uns.

1.3 Hildegards Fähigkeit der Wahrnehmung

In den Beschreibungen der Persönlichkeit Hildegards durch ihre Zeitgenossen, aber auch in ihren eigenen Berichten über sich selbst kommen immer wieder ihre Aufnahmefähigkeit und ihre Achtsamkeit zum Vorschein. „Sie wußte um die Gedanken und Absichten der Menschen", heißt es. Oder: „Sie hatte Mitempfinden mit den Leidenden" (vita PL 197,105A.118C). Dies bedeutete aber keineswegs, daß sie nicht auch Konflikte mit anderen Menschen hatte: Als im Jahr 1151/52 ausgerechnet Richardis, diejenige Schwester der Gemeinschaft, mit der Hildegard eine besondere Nähe und Tiefe des gegenseitigen Kennens verband und die ihre Sekretärin war, zur Äbtissin eines anderen Klosters gewählt wurde, fühlte sich Hildegard übergangen. Sie konnte den Weggang der Nonne nicht verkraften und wurde krank. Hildegard brauchte lange, um diesen Weg eines anderen Menschen verstehen zu können. Besonders schlimm war, daß Richardis im Herbst 1152 starb und keine versöhnende Begegnung mehr stattfand.

Schon als Kind, erinnert sich Hildegard, nahm sie „Licht vom Himmel" (acta 13D.14A) wahr, das sie innerste Geheimnisse und Baugesetze der Welt, des Menschen und des Kosmos erspüren ließ. „Bebend vor gespannter Aufmerksamkeit" (tremula intentione) begibt sich Hildegard immer wieder in dieses Wahrnehmen (sciv. Einl.). Intentio, das Sich-Ausstrecken nach einem Ziel, Ausschau-Halten nach Ersehntem, gespannte Aufmerksamkeit, Nicht-Locker-Lassen kennzeichnet Hildegards Wahrnehmen und Weitergeben des Aufgenommenen. Wach (vigilans, acta 14C) schaut sie nach innen, auf den Menschen, auf die Welt, auf das Geheimnis des Ewigen.

Hildegard von Bingen richtet ihren Blick auf den Körper des Menschen und seine Seele, nach draußen auf die anderen Menschen und die Welt und „nach oben", auf Ewiges, auf Gott. Mitte ihres Sprechens ist der menschgewordene Christus,

Gottes Sohn, der einen menschlichen Körper angenommen hat. Dieses Geheimnis will Hildegard verstehen. Da also die Mitte ihrer Visionen wie ihrer theologischen Werke der menschgewordene Gott ist, sind ihre Betrachtungsweise und ihre Sprache ganz am Menschen und seinem Körper orientiert und in der Wissenschaftssprache ihrer Zeit gehalten – was nicht ausschließt, daß sie in Hymnen und von ihr geschaffener dichterischer Sprache von Mensch und Welt spricht.

1.4 Was ist ein „Symbol"?

Der Begriff „Symbol" (griech. symbolon) meint ursprünglich das Zueinanderfügen zweier zusammengehörender (Kreis-)Hälften. In der griechischen und indogermanischen Mythologie erscheint dieses Motiv auf den Menschen angewandt: Die Glieder des menschlichen Körpers irren einzeln umher und suchen nach einer Einheit, nach dem Zusammengefügtwerden zu einem Körper. Oder aber: Mann und Frau sind je ein Halbkreis, der nach der anderen zu ihm gehörenden Hälfte sucht. Jeder Mensch ist ein Stück (=Symbol) eines ganzen Menschen. Der Wunsch nach menschlicher Gemeinschaft liegt in dieser Suche begründet. Eine Aussage Hildegards erinnert noch an diesen Hintergrund: „Als Gott in das Angesicht des Menschen schaute, den er geformt hatte, sah er alle Werke der Schöpfung in dieser einen Gestalt" (Lieder 60). Der Mensch steht als Symbol für alle Kreaturen. Es gibt aber auch die Variante: Körper und Seele suchen einander, um zu einer Einheit zu werden. Es geht also bei einem „Symbol" darum, eine auseinandergefallene Einheit (wieder-)zu finden. Dazu ist zweierlei nötig: Das vergleichende Nebeneinanderstellen, um zu sehen, ob die Teile passen, und die Konzentration auf das Wesentliche. Diese Aspekte sind in dem griech. Wort „symballo“ enthalten, das auch heißen kann: Vergleichen, vermuten, verstehen, die Augenlider schließen, nach innen sehen.

Der wichtige Vergleichspunkt ist dabei das Verweisen des Irdischen und Vergänglichen auf Ewiges. Das Sichtbare soll über sich hinaus auf Unsichtbares deuten. Dabei weiß der Mensch auch, daß immer ein Unterschied zwischen vergänglich und ewig bestehen bleibt, den er nicht völlig auflösen kann; denn er ist als Mensch auch der Täuschung durch seine Sinne unterworfen. Er müht sich, nach dem ersten Blick auf das Äußere das Innere und Verborgene mit Hilfe von Bildern seiner Umgebung und der Natur zu verstehen. „Sehen“ und „Verstehen“ entstammen im Griechischen derselben Sprachwurzel: Nur wenn der Mensch sieht, daß zwei Hälften zusammengehören, kann er den Sinn ihres Daseins verstehen.

Für das Mittelalter galt dieser Verweisungscharakter des Irdischen auf Ewiges nicht nur für Kunst und Literatur, sondern auch in Bezug auf die Gliederung des menschlichen Körpers: Seine Zahlenproportionen und Organfunktionen verweisen auf die sinnvolle Ordnung der ganzen Welt. Die Schöpfung geht nicht „ins Nichts“, sondern auf ihre Vollendung zu. Dann wird der Plan Gottes ganz einsichtig sein. Jede Wahrnehmung über die Sinne will den Menschen belehren über Ewiges. Hugo von St. Viktor (gest. 1141) formuliert: „Diese ganze mit den Sinnen wahrnehmbare Welt ist wie ein Buch, das mit Gottes Finger geschrieben wurde. Die Geschöpfe sind entsprechend dem Willen Gottes auf ihr eingesetzt, um die unsichtbare Weisheit Gottes zu verkünden“ (erud.didasc. VII,IV). Hildegard formuliert: „Gott ... hat alles erschaffen. Nicht nur das Sichtbare und Vergängliche tut er damit kund, sondern er offenbart darin auch das Unsichtbare und Ewige“(sciv. I,3,1). „Durch Äußeres wird Inneres einsichtig“ (scivias III,6; PL 197,630A).

2. Der menschliche Körper im Kosmos

„Ich bin das unversehrte Leben (vita integra, LDO I,2)," spricht die als Person eingeführte „Weisheit und Kraft Gottes", d.h. der Sohn Gottes. Leben für Seele und Körper wünscht sich der Mensch. Nach Hildegard erhält die göttliche Kraft nicht nur das All, sondern auch die kleinste Bewegung des menschlichen Körpers. Gott „bildete den Menschen nach seinem Bilde und nach seiner Ähnlichkeit" (Gen 1,26). Der Mensch hat aber nicht nur das Leben aus Gottes Anhauch, sondern Gott „zeichnete in ihn sowohl die höheren als auch die niederen Geschöpfe" (LDO I,3). Damit ist der Mensch ein doppelter Schnittpunkt, aber auch ein doppeltes Grenzwesen: Er repräsentiert Gott in dieser Welt, und er repräsentiert die Schöpfung vor Gott. Der Mensch trägt in sich die Lebenskeime, die auch die Tier- und Pflanzenwelt beleben.

Unter dieser Vorgabe betrachtet Hildegard den menschlichen Körper: Sie geht aus von den ihm aufgetragenen Funktionen (Bewegung, Sinne, Verdauung, Sexualität). Sie fragt nach der Wechselwirkung zwischen körperlichen und seelischen Vorgängen. Sie deutet seine Verweisungsfunktion auf die Welt, d.h. auf das den Menschen umgebende tierische und pflanzliche Leben, aber auch auf die „toten Dinge", auf das „Material", aus dem alles gemacht ist.

In all diesen Wahrnehmungsmöglichkeiten tritt der Mensch in Kommunikation, in Gemeinschaft mit anderen Menschen. Dies bedeutet nichts anderes, als daß Kosmos und Kosmos sich begegnen; denn jeder Mensch ist als „kleiner Kosmos", als geordnetes Gefüge im Kleinen, Abbild des großen Universums. Hildegard verdeutlicht dies an einem Beispiel: Bäume spiegeln sich im Was-

ser, sie sind aber nicht wirklich im Wasser. So ist es mit dem Menschen: Er spiegelt Gott, ist aber nicht Gott. Er spiegelt die gesamte Schöpfung, ohne in sie zu zerfließen (LDO I,7). Der menschliche Körper ist sichtbarer Ausdruck dieses Spiegelverhältnisses.
Schwerpunktmäßig sollen in der folgenden Interpretation Nabel- und Bauchraum und Schädel sowie Gehör und Kehle erklärt werden. Als Frage wird uns immer wieder beschäftigen: Ist der Körper „draußen", die Seele aber „drinnen"? Ist die Seele besser, weil geistig und nach „oben" ausgerichtet, der Körper aber „unten"? Wie nimmt der Mensch die Welt um ihn herum auf? Wenn in unseren Ausführungen von „Seele" oder „Körper" gesprochen wird, dann nur, um an unser gewohntes zweigeteiltes Denken anzuknüpfen. Nach Hildegard ist „Körper" nicht irgendein Teil des Menschen, sondern der ganze Mensch. „Körperlichkeit – das ist das Wesen des Menschen." Oder mit dem lateinischen Text knapp und prägnant übersetzt: „Körper allüberall. Das nur ist der Mensch (LDO IV,103)."

2.1 Der Nabel – Der Mittelpunkt

Kehren wir zurück zur Abbildung des Menschen im Kosmos. Die anatomische Mitte ist mit dem Kreis um Bauch-, Genital- und Oberschenkelbereich angegeben. Hildegard nennt den Nabel „das Haupt der Eingeweide" (LDO III,1). Seine Merkmale sind: Er ist rund und warm, er strömt Leben in den Körper und ist mit allen Organen verbunden. Freude und Angst haben hier ihr Wahrnehmungszentrum. Mit dieser Aussage wird sofort eine grundlegende Sichtweise Hildegards eingeführt: Nicht das Gehirn und der Kopf sind das wichtigste am Menschen – obwohl das Haupt für den Himmel steht -, die Organe im Bauchraum sind „der Erde gleich“ (LDO IV,77), die Leben aufnimmt und hervorbringt. Das bedeutet auch, daß, „was aus dem Bauch kommt“, Zeichen der Lebendigkeit ist, daß Verdauung und Sexualität in Hildegards Sicht zur sinnvollen und schönen Ausstattung des Menschen gehören.

Zunächst könnte es uns sehr vereinfachend erscheinen, daß Hildegard die Region des Nabels nach unten bis zu den Körperöffnungen der Ausscheidung, „bis an den Rand der beiden Lenden“, nach oben aber bis ans Ende der Kehle reichen läßt, den „Rand der Kehle“ aber bis zum Nabel (LDO IV,77). Drei Grundfunktionen werden damit angesprochen: Aufnehmen, Verarbeiten und Weggeben.

Hildegard weiß um den Zusammenhang von „Seele“ und „Gurgel“. Im Lateinischen ist „anima“, Seele abgeleitet von „Windhauch“, im Griechischen weist „psyche“ auf das Feuchte, im Hebräischen aber, der Sprache des Schöpfungsberichtes der Bibel, steht „nefesch“, Kehle, Schlund, für die „Gurgel“, das „Unersättliche“ des Menschen. Wenn „der Rand der Kehle“ nach Hildegard bis zum Kreis des Bauchraumes reicht, will sie damit sagen: Was der Mensch aufnimmt, muß er verarbeiten, muß durch ihn hindurch, muß verwandelt werden, muß ausgeschieden werden – ganz real im Ernährungsprozeß und übertragen in den seelischen Vorgängen. Aufnahmefähigkeit – Kapazität – ist eine Grundausstattung und ein Grundbedürfnis des Menschen. Aufnehmen heißt, sich einer Wandlung auszusetzen. Der anatomische Schlund des Halses ist Symbol für die psychische Aufnahmefähigkeit, ja die Sehnsucht nach Aufnehmendürfen, nach

Erfahrung mit der Welt, mit einem Menschen als Gegenüber, mit sich selbst.
Freude und Angst (=Enge, lat. angustia) spüren wir körperlich: „Es“ schnürt uns die Kehle zu oder wir lachen. Bei Kindern läßt sich das unverstellte „Glucksen“ beobachten, das aus einer Bewegung der Muskeln und Knorpel des Kehlkopfes und Rachens entsteht. Umgekehrt „fährt“ uns etwas in den Magen, wir können nichts essen, „kriegen keinen Bissen hinunter“ vor Anspannung oder Sorge.
Die Abbildung des sog. Kosmosmenschen aus dem Lucca-Kodex verdeutlicht diese Sichtweise. Der Kreis der um Bauch, Genitalbereich und Oberschenkel des Menschen gezeichnet ist, entspricht dem Rund des großen Weltrades. „Rota“, das Rad (wir haben das Fremdwort „rotieren“), ist Sinnbild der Vollkommenheit eines lebendigen Organismus, von sinnvoller Proportionierung. Es hat keinen Anfang und kein Ende, deshalb steht es für Gott.
Wenn Hildegard bei der Beschreibung der körperlichen und psychischen Kräfte auf das Radsymbol zurückgreift, kann sie damit das Innerste des Menschen und den äußersten „Rand“, gleichzeitig aber auch das Zentrum des Universums wie in einer einzigen Geste erfassen. Damit drückt sie aus, daß all dies letztlich nicht vorstellbar oder festlegbar ist. Im Blick auf den Menschen sieht sie das All und weiß, daß Körperlichkeit und Innerlichkeit einander durchdringen.
Die Forscher, die sich mit der Frühgeschichte des Menschen befassen, haben an den frühen Höhlenzeichnungen gesehen, wie genau dieses Rad-Symbol anhand des Nabels und des Unterleibes des Menschen, vor allem im gewölbten Bauch der schwangeren Frau, bei den ersten Menschen der Anfang der Frage nach dem Ewigen,

nach dem Woher und Wohin des Menschen war. Hildegard greift also uraltes Empfinden und Wissen des Menschen auf.
Die gesamte Schöpfung ist nicht nur zu Nutzen des Menschen gemacht. Der Mensch steht mitten in ihr und nimmt die Keimkraft des Kosmos[1] in sich auf. Gott ist die innerste Kraft und gleichzeitig die äußerste Wirklichkeit des Menschen und der Welt, ist drinnen und draußen: Er hat alles erschaffen und trägt alles. Der Mensch ist „zum Ebenbild Gottes“, als sein Spiegel- und Gleichnisbild geschaffen (Gen 1,26). Der Mensch soll „die heilige Gottheit einhüllen“ (LDO IV,14). Das bedeutet: Der Mensch gibt Gott Gestalt in dieser Welt. Gott wird nur im Menschen erkannt, nicht abstrakt in Gedankengebilden. Der sinnvolle Aufbau des menschlichen Körpers verweist auf das Unsichtbare.

2.2 Animalische Kräfte

Von den vier Himmelsrichtungen der Abbildung mit den ihnen zugeordneten „animalischen“ Kräften kommt ein „kosmisches Wehen“: Das Tier steht als Symbol der hellen und dunklen Seiten im Menschen. Letztere möchten wir oft genug lieber nicht anschauen. Hildegard benennt sie (LDO II,16.18), der Maler des Bildes hat sie an den vier Himmelsrichtungen eingezeichnet (im Uhrzeigersinn): Leopard (oben), Löwe, Wolf, Bär. Quadruvium bedeutet „Vierzahl“, Einheit mit einer Mitte aus vier (Himmels-)Richtungen. Die Bezeichnung „animalisch“ hat eher einen negativen Klang im Sinne von unkontrolliert triebhaft wie ein Tier. Wir haben ihn hier bewußt verwendet; denn er ist abgeleitet vom Wortstamm „anima“, „Seele, Lebewesen“. Die darin bezeichneten Kräfte gehören zum Menschen. Sie sind in seine Vitalität eingeschrieben und an ihren Platz im „Rad“ gestellt, damit der Mensch seinen Weg mit ihnen geht.

Zum Leoparden heißt es: Der Mensch erhebt seine seelische Spannkraft nach oben. Dabei kann es geschehen, daß der Mensch über sich hinaus will, also „hochmütig“ wird. Dann zerreißt die Spannung. Die Saite des Instrumentes oder Bogens wird überspannt. Der Mensch bläht sich auf und „platzt“. Es kommt zum Absturz, weil die seelischen und körperlichen Kräfte über das sinnvolle und angenehme Maß hinaus gejagt wurden. Wie kann der Mensch wieder ins rechte Maß kommen oder dem Absturz vorbeugen? Nach Hildegard berührt die Kraft der Zerknirschung (contritio) den Menschen. Das dahinterstehende Bild kommt aus der Landwirtschaft: Ein Getreidekorn wird vor der Umwandlung zu Brot zerrieben. Wir sollten den Schwerpunkt nicht auf das Zerreiben, das Klein- oder gar Kaputtmachen legen, sondern auf den Prozeß der Kräftewandlung: Der Mensch erkennt, daß er nicht Unmögliches erreichen muß, sondern nur die Vollendung seines Menschseins, das ja nicht weniger bedeutet als Ebenbild des Ewigen zu sein. Er kann gelassen im Vertrauen auf die ihm gegebene Kraft an der Gestaltung seines Lebens und der Welt mitwirken. Hoffnung, Beständigkeit und Glaube, sagt Hildegard, werden dann in ihm wachsen wie die Keimkraft (viriditas) der Erde.

Der Wolfskopf zu Füßen des Menschen symbolisiert das Gegenteil: Er wird statt zu einem „Übermenschen“ im Streben nach oben nun zum „Untermenschen“ in der Wendung abwärts. Er überläßt sich zerstörenden Kräften, die das Leben wie ein reißender Wolf auffressen. Er vergißt, daß er auf der Erde stehend nach oben aus-

gerichtet mit ausgebreiteten Armen geschaffen ist, und verkrümmt sich nach unten. Wie ein Wolf aus dem Dickicht hervorbricht, kann den Menschen das Zerstörende, Destruktive überfallen – auch gerade nach dem Überschreiten seines Maßes: Der Mensch fühlt sich kraftlos, niedergedrückt, ohne Ausweg und verliert sich in den Grübeleien über seine Fehler und Sünden. Damit hilft er sich nicht. Im Grunde vertraut er auch noch in dieser Niedergeschlagenheit auf seine eigene Leistung, an der er gescheitert ist, und will sich nicht eingestehen, daß er nicht perfekt ist. Hildegard weist auf eine helfende Gegenbewegung hin: Christus wurde Mensch, lat. „incarnatus est“, war im menschlichen Körper und hat die Spannung zwischen Himmel und Erde getragen. Die Hinwendung zum Menschsein erfordert einen Weg mitten durch die Welt: Im Wissen um die Würde und Begabung des Menschen, aber auch um seine Fehlbarkeit und Fähigkeit zum Bösen. Zuversicht (im Bild links unten und oben als Krebs gezeichnet), kluge Vorsicht (Schlange rechts im Bild) und Geduld mit sich (das Lamm rechts) sind hilfreiche Verhaltensweisen.
Links (vom Betrachter aus gesehen) erscheint der Bär. Er steht für Unwetter, Unheil, Getöse und Bedrohung, also für Gefahr, auf die der Mensch keinen Einfluß hat, weil sie wie schweres Gewitter über ihn hereinbricht. Auch menschliche Gefühlsregungen wie Zorn und Murren werden auf den Bären „übertragen“. Hildegard stellt den Bären in den Bereich „schwarzen Feuers“. Der Mensch lebt oft mitten im Widerspruch. Freude ist für ihn belebende Wärme, Gutes ein belebender Hauch. Durch die Sehnsucht streckt sich der Mensch aus nach dem Guten. Aber will er zu hoch hinaus und überschreitet dabei seine Kraft,

verdunkelt er das lebendige Feuer. Das Gleichgewicht von Hitze und Kälte im menschlichen Körper ist gestört. Das göttliche Feuer des Heiligen Geistes ist verdunkelt, und übriggeblieben ist nur ein Qualm, der das Feuer gänzlich zu ersticken droht. Dies geschieht, wenn der Mensch in Ekel und Überdruß (acedia) versinkt und dabei das Gefühl hat, daß alles Unheil nur noch über ihn hereinbricht, er zu nichts mehr fähig ist, sich nicht wehren kann.
Gerade in diesem Zustand ist der Mensch anfällig für die „Versuchung“ (nach Mt 4). Damit ist gemeint, daß der Mensch im Zustand des Sich-ohnmächtig-Fühlens beginnt, in Sätzen des Wenn-Dann zu schwelgen: „Wenn ich erst die oder jene Situation beherrschen würde, dann wäre alles anders.“ „Wenn ich diesen Fehler nicht gemacht hätte, ginge es mir jetzt besser.“ „Wenn dieser oder jener Mensch mir nicht so übel mitgespielt hätte, wäre ich jetzt weiter.“ Zorn oder Ärger kann aus dem Gefühl einer Abhängigkeit und Machtlosigkeit entstehen. Um dem zu entkommen, gibt sich der Mensch der Illusion hin, die Änderung der Vergangenheit oder die Macht über Zukünftiges würden ihn retten. Manchmal versucht er dann, durch Strenge mit sich selbst seinen Zustand zu ändern. Er wird jedoch bitter und verschlossen, weil er das Schöne in seinem Leben nicht mehr sehen kann. Der Mensch ist „sine discretione“, ohne das rechte Maß: Er sieht nicht seine Realität, was er tatsächlich jetzt tun könnte, um seiner Niedergeschlagenheit zu entkommen. Damit entzieht er sich der Verantwortung für sein Leben und versäumt es geradezu. Er will ‚bald zu hoch hinaus, bald zu tief hinunter‘ (LDO II,35). Er braucht Stärke und Stabilisierung seines Wollens, um ein Ziel zu finden, das ihm entspricht und an dem er lernen

kann, wieviel Gaben in ihm sind, die er aktivieren kann.
Rechts vom Menschen ist der Löwe abgebildet. Er symbolisiert Kraft und rechtes Urteil, unterstützt von Geduld (Lamm) und kluger Vorsicht (Schlange). Der Mensch hat also Anteil am umfassenden Richteramt Gottes über die ganze Welt. Grundgelegt ist diese Aufgabe in der Schöpfungsgeschichte (Gen 1,26). Der Mensch soll Stellvertreter Gottes als Partner der gesamten Schöpfung sein. Rechtes Urteil beinhaltet, jedem Lebewesen seinen Lebensraum zu geben – auch sich selbst. Es ist wohl schwerer, die eigenen guten Fähigkeiten anzuerkennen, als sich unter dem Deckmantel falscher Demut alles abzusprechen. Ein radikales Alles-oder-Nichts-Denken nimmt uns schnell Verantwortung ab. Geduldig eine Entwicklung des Guten und Heilsamen abzuwarten erfordert die „Milde" des Lammes und kluge Verantwortung, die erlernt sein wollen.
Welchen Ertrag bringt dem Menschen das Wissen um diese Kräfte? Er wird sich bewußt, daß sein Weg – auch der geistliche – nicht von einem Nullpunkt startet und dann steil nach oben zu einer „Vollkommenheit" führt. Körperlich und psychisch stehen wir in einem „Rad" der Entwicklungsprozesse. Dies zu bedenken ist entlastend. Immer wieder, wenn auch zu verschiedenen Zeiten unterschiedlich, bemerken wir an uns dieselben Unmöglichkeiten, bohrenden Fragen, Situationen der Niedergeschlagenheit oder des Über-uns-hinaus-Wollens. Panik und Angst lähmen uns. Gelassen, vielleicht zusammen mit einem anderen, auf unseren Ort im „Rad" zu blikken und wieder nach der Mitte zu suchen, befreit vom Druck, jetzt dies oder jenes bewältigen zu müssen.
Der Mensch steht mit ausgebreiteten Armen mit-

ten im Kosmos. Er blickt frei umher und in sich hinein, gleichzeitig aber auf das äußere Rad, das seine Mitte umgibt.

2.3 Der Schädel – Der Scheitelpunkt

Hildegard vergleicht den Schädel mit dem Firmament. Seine Kennzeichen sind: Er ist rund, oben, Sitz des Riechens, Hörens und Sehens, Sitz natürlich auch der „ratio", der Vernunft, oder besser übersetzt: der Fähigkeit zu Erkenntnis und Verantwortung (LDO IV,14-17.27).
Die sinnenhafte Wahrnehmung über Hören, Sehen, Riechen ist bei Hildegard also nicht etwa Täuschung oder eine Körperfunktion, die den Menschen auf Abwege führt. Ganz im Gegenteil: Wie sollte der Mensch aufnahmefähig sein für den Kosmos ohne seine Sinne? Wie soll er wissen, was Lebenskraft ist, wenn er nicht einen Acker riechen kann?
Die Seele benötigt diese Funktionen, die im Schädel ihren Platz haben, um selbst mitwirken zu können bei den Aufgaben eines „Scheitelpunktes" (LDO IV,14), d.h. einer Leitungs- und Unterscheidungsaufgabe. Sie entscheidet, was der Organismus braucht, und zwar über die vier Stufen des Auf- und Niedersteigens in Riechen, Schmecken, Hören und Sehen. So wie im Baum der Lebenssaft auf- und niedersteigt, ist die Seele – bildhaft gesprochen – unterwegs nach oben und unten im Körper, um von ihm Informationen über die Empfindungen des Menschen zu erhalten. Sie sammelt diese Information (wörtl. heißt „informatio" etwa: gestaltgewordene Vorstellung), um ihrerseits den Menschen zu leiten, aber auch, um ihn vor einem falschen Weg zu warnen. Sie vermittelt dem Menschen ein Gefühl von sich

selbst auf dem Weg über die Sinnes- und Organwahrnehmungen. Ist der Nabel die Basis, so der Scheitel die Höhe darüber. Das Verarbeiten der Wahrnehmungen geschieht auf der „Leiter" der Sinne (LDO IV,15-17).
Dieses Gespür für unsere Sinne und Organe ist kaum wach in uns. Erst bei einer Erkrankung spüren wir unseren Körper, nehmen Feuchtigkeit, Verdauung, Atmung, Schweiß oder Hitze überhaupt wahr.
Der Geruchssinn ist in der Geschichte der Ausprägung der menschlichen Sinnesorgane der älteste. Er begegnet uns in Redewendungen: Wir wollen etwas oder jemanden „beschnuppern" oder können ihn „nicht riechen". Wir freuen uns über „Schnupperpreise" anläßlich der Eröffnung etwa eines neuen Einkaufszentrums. Wir sagen: „Der stinkt nach Geld." Oder: „Ich habe den Braten gerochen."
Ein unangenehmer Körpergeruch läßt uns auf Distanz gehen oder macht uns sogar aggressiv, gerade dann, wenn wir den anderen gar nicht kennen, er also nicht „einer von uns" ist.
Wir wissen, was es heißt, wenn einem heiß wird oder es einem eiskalt den Rücken hinunterläuft.

Durch die Sinne gewinnt der Mensch nach Hildegard „Geschmack" von seinem Körper (LDO IV,35). Die Seele nimmt über den Körper Fühlung mit den Geschöpfen. Sie hält den Körper in die umgebende geschaffene Welt hinein und zieht die Schöpfung in Verbindung mit sich.
Noch einmal wird das schon genannte Prinzip deutlich: Es fasziniert uns, was – bewußt oder unbewußt – Bedeutung für uns hat. In uns entstehen Gefühle von Zuneigung und Abneigung, von Zugehen auf einen anderen oder Ablehnung. Das heißt aber auch, mein Empfinden, das ge-

prägt ist durch die Summe meiner Erfahrungen, schafft meine „Realität“, die Wirklichkeit, in der ich lebe und die weit weg sein kann vom Empfinden eines anderen Menschen oder der Beurteilung einer Situation durch Außenstehende.

2.4 Das Gehör

Über das Gehör und seine vielfachen Verbindungen zum gesamten Körper spricht Hildegard oft und ausführlich. Der Grund dafür liegt einerseits sicher in Hildegards eigener Konstitution mit einem ausgeprägten Gehörsinn. Andererseits ermöglichen Sprach- und Hörfähigkeit die Orientierung des Menschen im Raum und die Kommunikation mit seiner Umgebung. Nabel und Gehör verbindet in Hildegards Sicht eine Analogie, eine Entsprechung.
Wie oft heißt es in Hildegards Werk: „Ich hörte eine Stimme zu mir sagen ...“ (sciv.). Briefe leitet sie oft ein mit: „Höre ...“ (ep. 74 resp.). Hintergrund dieser Redeweise sind Beauftragung und Reden der Propheten im Alten Testament. Von sich selbst sagt Hildegard, sehr früh bemerkt zu haben, daß ihre „Ohren des inneren Menschen“ sehr gut hörten – was gewiß nicht immer angenehm für sie war (sciv. Einl.). Wiederholt wollte sie diese Fähigkeit der Wahrnehmung abschütteln, was ihr aber nicht gelang. Wie der Mensch sein äußeres Körperohr nicht verschließen kann, konnte sie auch ihr inneres nicht verriegeln. Das Aufnehmen über inneres und äußeres Hören ist bei Hildegard verbunden mit einem Zustand äußerster Wachheit und Aufmerksamkeit (sciv. Einl.). Immer wieder erfolgt die Aufforderung an andere, „mit dröhnenden Ohren“ zu hören (sciv. II,7,25). Dies gibt uns Grund zur Annahme,

daß Hildegard selbst oft genug die Ohren dröhnten von all dem, was sie aufnahm und an sich wie an anderen Menschen wahrnahm. Die Berichte über ihre Krankheiten und Zeiten der Niedergeschlagenheit, an denen sie zu nichts fähig war, zeigen, wie sehr sie Zeit zum Verarbeiten und Verstehen brauchte (vit.mer.1: Hildegard müht sich 10 Jahre mit einer Schrift).

Die Fähigkeit des Menschen, wachen Ohres aufzunehmen, ist ihm durch die Ausstattung mit den Sinnen gegeben. Hildegard kann wahrnehmen, ob ein Wort, das sie hört, von einer lebenschaffenden Stimme kommt (vivens vox, sciv. I, 8, 4); denn sie fördert im Inneren dessen, der sie hört, die Leben unterstützenden Kräfte. Ein „Klang voller Leben" (sonus vitae, vit.mer. IV, 59) durchdringt Niedergeschlagenheit und Selbstvergessenheit. Voraussetzung für die Entfaltung dieser Kraft ist allerdings, daß der Mensch sich diesem Klang aussetzt und seine Aufnahmefähigkeit öffnet. In einem der Gesänge Hildegards heißt es von der Dreieinigkeit: „Sie ist Klang und Leben und Schöpferin" (Lieder16). Von Christi Wunden heißt es: „Die Kraft dieses Blutes durchdringt mit ihrem Klang jede Höhe und Tiefe" (Lieder 77). Unter „Stimme" und „Klang" versteht Hildegard also mehr als Geräusch und „nur" Wort. Jedes Aufnehmen eines Wort-Klanges entfaltet im Menschen eine gestaltende Kraft, eine Wirkung, die „bis aufs Mark" durchdringen kann (Hebr 4,12). Das menschliche Ohr, das Stimmen aufnimmt, hat nicht nur im Gesamt der Sinnesorgane eine so große Bedeutung, es ist auch herausragendes Symbol für die Beziehung des Menschen zu sich selbst, zu anderen, zum ganzen Kosmos, zu Gott.

Hören „geschieht" im Innenohr des Menschen. Das sog. knöcherne Labyrinth ist verantwortlich für unser körperliches Gleichgewichtsempfinden. Unser seelisches Gleichgewicht wird durchaus gelenkt von dem, was wir von anderen zu hören bekommen und wie wir es innerlich, vielleicht sogar wortlos, kommentieren. Hildegard formuliert: „Durch das Hören des Ohres wird das Innere des Menschen erschüttert“ (LDO IV,39). „Im Wort ist Klang, Kraft und Hauch (sonus, virtus, flatus; sciv. II,2,7), Klang, damit man es hört, Kraft, damit man es versteht, Hauch, damit es ans Ziel gelangt.“ Klang und Wohllaut öffnen die Aufnahmebereitschaft des Ohres und des Inneren. Kraft läßt verstehen und bewirkt etwas. Hauch bringt ans Ziel. Hauch bedeutet Leben (Gen 2,7) Letzteres ist uns zu wenig gegenwärtig. Eher meinen wir, daß laute und befehlende Worte etwas bewirken. Hildegards Vorstellung – und wohl auch Erfahrung – ist anders. Wer Wichtiges zu sagen hat, spricht leise. Wer wirklich etwas zu sagen hat, kann die zartesten Töne anstimmen. Ein zarter Klang, vielleicht sogar Schweigen, rührt uns an und bewegt uns innerlich. „Klang ist in jeder Kreatur Leben (LDO IV,105).“ Die „zarte Luftschicht“ (LDO IV,7) läßt Leben keimen. Das Zarteste: Atem, bringt ans Ziel, d.h. in Auslegung des Schöpfungsberichts: Es gibt dem Menschen Lebenskraft, Schönheit und die Fähigkeit zur Sprache.

Es ist schwer, unter den vielen Stimmen, die den Menschen erreichen, diejenigen zu erkennen, die Leben vermitteln. Hildegard berichtet von ihrem eigenen Zittern und ihrer Unsicherheit beim Hören (sciv., Einl.; LDO Vorwort). Das Festhalten an der Bereitschaft, das Ungewohnte hören zu wollen und ihm nicht auszuweichen, gab ihr stets eine neue Sensibilität für sich selbst. Laute Stimmen kennen wir zur Genüge: Die

Meinung der anderen; meine Gewohnheiten; der Gedanke, der schreit: „Das schaffst du nie, wie solltest du dich ändern können!"
Das Mittelalter malte auf Fußböden von Kathedralen Labyrinthdarstellungen. Mit Tänzen auf diesem Labyrinthboden wurde vermittelt, wie der Mensch den Weg durch den Irrgarten seines Lebens und der Welt findet. Jedes Labyrinth hat eine Mitte. Sie ist sichtbar, aber der Weg dorthin verworren. Es braucht den Mut, sich zu irren, es braucht die Erfahrung der falschen Wege, es braucht eine hilfreiche Stimme, um den Weg zur Mitte zu finden.
In unserem körperlichen Gehör orientieren uns die sog. Bogengänge, wie wir uns im Raum und der Schwerkraft der Erde zurechtfinden. Die Mitte aus den verschiedenen Botschaften können wir nicht sehen, aber in jedem Augenblick leben wir nach ihr, sonst könnten wir uns nicht aufrecht halten.
Die unbekannte Mitte unseres Lebens-Labyrinthes erscheint uns bedrohlich. Was wird uns erwarten, sollten wir auf sie stoßen? Ein böses „Ungeheuer" – wir selbst, so wie wir uns nie sehen wollten, eine „Prinzessin" – ein nicht reifer, nicht erlöster Teil unseres Lebens? Werden wir ein Wort des Lebens oder der Vernichtung hören?
Schmerzlich ist die Erkenntnis, etwas versäumt zu haben, ein Wort, das uns gesagt wurde, nicht als Kraft und Lebenshauch angenommen zu haben. Verwirrend ist es, durch ein ungewohntes Wort aufgerüttelt zu werden. Hildegard selbst schildert, daß sie jahrelang (!) verschwieg, was sie innerlich hörte, bis sie erkrankte und dann endlich redete. Dies wiederholte sich öfter in ihrem Leben (vita II,21.22). Sie beschreibt den Tumult, der im Gehör ausgelöst werden kann durch äußere oder innere Worte (tumultuatio; LDO

III,18). Ein Wort, ein Ereignis oder ein Gefühl kann uns aufwühlen (LDO III,1), weil wir darin Ablehnung spüren – aber auch, wenn uns darin ausgedrückte Liebe überrascht, vielleicht sogar überwältigt. Es kann zu einem Widerstreit der Stimmen in uns kommen: Eine Stimme sagt uns: „Das kann nicht sein. Das ist eine Lüge." Eine andere Stimme sagt: „Höre zu!" Wird „das Innere des Menschen erschüttert" (LDO IV,39), werden Körper und Gefühl in eine Bewegung hineingenommen, die zu einer Reaktion führt: Sich die Ohren zuhalten, Lächeln, Antworten, Schreien, Sich-Abwenden, Sich-Zuwenden ...

Hört ein Mensch nie liebevolle Worte, vertrocknet seine Lebenskraft. Er fällt in das Gefühl der Sinnlosigkeit (amentia; LDO III,18). Umgekehrt erzeugen nach Hildegard zu viele und gegensätzliche Hör-Eindrücke einen Überdruck im Gehör und im ganzen Körper. Der Mensch kann dem nicht standhalten. Er kann sogar in lebensgefährdende Niedergeschlagenheit fallen.

Widerspruchsvolle Worte, die aus uns selbst kommen oder die wir, wenn andere sie sagen, zu sehr in uns hineinlassen, „verwirren das Gehörvermögen ... derart, daß der Mensch das Gute weder erkennen noch zu behalten vermag (LDO III,13)". Es entsteht ein Durcheinander von Eitelkeit und Nachgiebigkeit, von Härte und Depression (melancolia, caus.cur. IX): „Weh mir, daß ich geschaffen bin! Zwar höre ich die Leute daherreden, was es alles an Werten gebe ... Warum bin ich überhaupt auf der Welt, wenn mir doch nichts Gutes begegnen kann!" Der Mensch hat den Blick auf das Leben verloren. Die Freude sagt zu ihm: „Du bist blind ... Eilt dir der Tag entgegen, so nennst du das Nacht. Steht dir das Glück vor der Tür, so sprichst du von Fluch (vit mer.V,15.16)." Atemprobleme, Herzschmer-

zen oder Schwindel, inneres lautloses Schreien und Umsichschlagen, das nach außen unbemerkt bleiben kann, oder der Wunsch, sich nur noch zu verkriechen, können als Reaktion auftreten. Erscheinen die genannten seelischen oder körperlichen Reaktionen auch eher als sich gegenseitig ausschließend, sie entspringen doch derselben Quelle: Unserem Wunsch nach Einheit mit uns oder nach Gemeinschaft mit einem anderen ohne Widersprüchlichkeiten. Wir ertragen nicht, daß wir selbst und der andere fehlbar sind. „Ich zermalme und vernichte alles, was mir in die Quere kommt ... Mit Knüppeln haue ich um mich (vit.mer. I,22)." Vor Enttäuschung und Verzweiflung schlagen wir uns selbst klein.
Daß wir unter Umständen zu sehr auf andere hören, kommt aus dem Wunsch nach anerkennenden, helfenden und stützenden Worten. Fühlen wir uns bedroht in der Entfaltung unseres Lebens, möchten wir uns verteidigen durch Kämpfen oder Rückzug.
Gerade aber ein ehrliches Wort voller Nähe und Verstehen kann uns „rasend machen vor Wut", weil wir stumm oder laut dagegenhalten: „Ich glaube dir nicht. Ich will sicher sein, daß du mich nicht anlügst. Ich glaube niemandem mehr etwas, damit ich nicht noch mehr verletzt werde." Hildegard beschreibt, wie in diesem Zustand von Aufruhr, Widerspruch und Sinnlosigkeit „der Mensch taumelt wie ein dem Tode Verfallener" (LDO III,18). Ein einziges Wort nur kann uns in den Abgrund der Verzweiflung und Sinnlosigkeit stürzen. Der Mensch empfindet eine „maßlose Traurigkeit" („sine discretione" ebd.), die Gedanken verselbständigen sich. Die leise Stimme voller Hauch wird dann unterdrückt. Auch der Bereich des Nabels ist nach Hildegard durcheinander und erschüttert (ebd.). Was

der Mensch in sich hineinnimmt, durchdringt ihn ja bis ins Zentrum seiner Organe, seines Denkens und Empfindens – ob er es bemerkt oder nicht. Wir können gar nicht einfach „zumachen“. Hildegard bemerkt die Parallele von Ohrlabyrinth und Bauchlabyrinth (LDO III,1; IV,2): Die Ohren haben ein gemeinsames Zentrum im Gehirn, das die Gehör- und Gleichgewichtsmeldungen verarbeitet. Der Nabel ist nach Hildegard das Wahrnehmungszentrum, in dem alle Informationen aus den Organen ankommen, auch diejenigen aus dem Gehör werden ihm vermittelt. Diese Fähigkeit des Wahrnehmens und Aufnehmens hat der Nabel daher, daß er ja zuallererst die Verbindung zwischen Mutter und Kind war, die der Nahrungs- und Wachstumszufuhr dient (caus. cur.X; LDO III,1). Das Kind im Mutterleib nimmt aber auch durch sein Gehör die Stimme der Mutter und die Klangvarianten seiner Umgebung auf. Die moderne Medizin hat festgestellt, daß das Gehör sich bereits in der frühesten Entwicklungsstufe der Organe des Kindes im Mutterbauch entfaltet wie eine Knospe.[2] Über Gehör und Nabelschnur empfängt das Kind Nahrung und Worte des Lebens. Hildegard selbst nennt Adam die „Knospe“, die Gott „aufweckt“ (germen ... suscitavit; LDO IV,97). Auch dem Erwachsenen bleibt diese Fähigkeit erhalten, mit seiner Gehör-Knospe und dem „Bauch“ sich selbst und seine Umgebung wahrzunehmen – wenn sie nicht verschüttet sind.

Ohne daß wir uns dessen bewußt sind, vollziehen wir täglich ununterbrochen Akte des Aufnehmens, Umwandelns und Weitergebens. In Umbruch- und Krisenzeiten, oder aber in Situationen, in denen wir ganz wach wahrnehmen, halten wir inne und lauschen auf die Botschaft,

die uns von außen entgegenkommt und die in uns ein Wort und einen Klang weckt.
Schon der sprachliche Ausdruck zeigt den Innen- und Außenaspekt von Wahrnehmung und Bewahren des Wahrgenommenen: Der Begriff für die Gehörknospe, lat. germen, meint den Keim, das Innere der Knospe, den Sprößling, die Frucht, also das Innere, Hervorgebrachte. Der andere Begriff für das Gehör, lat. utriculus, verweist auf den Mutterbauch, lat. uterus. Er steht für die Hülle um das wachsende Getreidekorn, also für das Umgebende und Schützende.

Wie unsere Fähigkeit der Selbst- und Weltwahrnehmung geprägt wird, aber auch, wie sie sich verändert und wie wir sie einüben können, zeigt Hildegard, wenn sie über die Beziehung von Seele und Körper spricht.

3. Das Verhältnis von Seele und Körper

Wir sind gewohnt, innen und außen auf Seele und Körper zu verteilen. Hildegards Sicht ist überraschend und anders: Die Seele ist nicht einfach unsichtbar innen und der Körper nicht einfach sichtbar außen. Außen und innen, aktiv und passiv, Begriffe, die „wirken", „aufbauen" oder „künstlerisch gestalten" bedeuten, bestimmen die Aussagen Hildegards über die Seele. Als Baumeisterin (operatrix, LDO IV,82) umschließt die Seele den Körper. Sie ist „wirkender Geist" (operans spiritus; LDO IV,86). Der Körper ist gewirktes und durchgestaltetes Werk (factum opus, LDO IV,17).

Die Seele umfaßt also den Körper. Sie durchforscht ihn; denn er ist ihr auch „so unbekannt und so fremd" (LDO IV,41). Sie will ihn aber umfassend kennen, zusammenhalten und lieben. „Die Seele umkreist ... belebend ihren Geliebten, den Körper (LDO IV,57)." Die Seele „weckt ihren schlummernden Körper auf (LDO IV,74)", d.h. sie gibt ihm Bewußtsein und Wahrnehmung seiner selbst und der Welt. Die Seele hat „Einverleibungskraft (LDO IV,75)". Sie „baut das Haus des menschlichen Lebens": Der Mensch „baut sein Haus nach dem Muster des eigenen Bauplanes aus der Erde, den Steinen und den Hölzern (LDO IV,82)".

Auch dies sind uns ungewohnte Bilder für das, was wir unsere „Seele" nennen. Hildegard redet von ihr wie von einer Person mit Händen, Füßen, mit Sprache, Willen, Sehnsucht und Liebesfähigkeit. Sie legt den Schwerpunkt auf die Fähigkeit des Menschen, willentlich und aktiv sein Leben, auch seine Gefühle zu erkennen. Der Mensch ist ebenso fähig, „die heilige Gottheit einzuhüllen" (LDO IV,14), wie er Repräsentant und Symbol der Kreatur schlechthin ist: „Aus demselben Grund zeichnete Gott die ganze Schöpfung in den Menschen ein, wie ja auch alle Welt aus seinem Wort hervorging (LDO IV,14)." Der Mensch steht damit in der Mitte entsprechend seiner Verfassung als doppelter Schnittpunkt und ein doppeltes Grenzwesen: Er repräsentiert Gott gegenüber der Welt und die Welt vor Gott, er schließt in sich die Lebenskraft aus Gott und gibt sie in die Welt, aber er nimmt auch aus der Welt Kraft auf. Er ist Zeichen für Sichtbares und Unsichtbares mit Körper und Seele.

Der Mensch ist fähig, Gegenüber zu sein und ein Gegenüber aufzunehmen. Gen 2,18 könnte man wörtlich etwa übersetzen: „Eine Hilfe, dem Menschen ein Gegenüber." M. Buber formuliert: „Ihm ein Gegenpart." Der Mensch ist also einerseits verwoben in die Gesamtschöpfung und in sich gewoben aus Körper und Seele. Er kann mit einem Partner wirken. Andererseits ist er fähig zur Distanzierung:
Er kann unterscheiden zwischen sinnlos und sinnvoll, zwischen schädlich und hilfreich.
Er kann der Natur und den anderen Geschöpfen ein Gegenüber sein. Er kann einem Partner Gegenüber sein.
Er ist fähig zur Selbstdistanzierung, d.h. er kann sein Empfinden beobachten, kann nach den Ursachen suchen, kann sein Tun überprüfen.
Wie der Mensch Welt und andere Menschen als Gegenüber erkennt, wird die Welt am Menschen erkennbar. Gott selbst wird nach Hildegard im Menschen erkannt: Wir sind fähig, den anderen Menschen zu kennen und ihn wahrzunehmen, wie er ist. Kennenlernen aber heißt, sich auf einen Weg und in ein Gespräch zu begeben. Oft möchten wir den andern schnell möglichst ganz

kennen, möchten uns ganz kennen. Gelingt es uns nicht, haben wir großen Kummer. Doch jeder Mensch ist ein ganzes Universum. Wir können ihn nicht ganz und gar verstehen. Hildegard beschreibt ihn im Bild einer Ganzheit aus Tag und Nacht (LDO IV,24): Bald wendet er sich der Welt zu, bald versteckt er sich. Das Tun und Verhalten des Menschen ist nicht so, daß wir es ein für allemal erfassen und festhalten könnten. Leben ist Veränderung und Wachsen. Hildegard nimmt die Phasen des Mondes als Vergleich (LDO IV,16). Ein Mensch kann sich so sehr im Dunkeln bewegen, daß seine Gestalt nicht mehr wahrnehmbar ist, sondern „verschattet" wie der völlige Neumond. Seine lebendige Ganzheit kann dann nur geahnt werden. Dennoch ist sie vorhanden, vielleicht in einer Phase der Erneuerung oder Neuorientierung. Es wird Zeit brauchen, bis die volle Gestalt wieder erkennbar ist.
Dieser Zusammenhang läßt Hildegard nach gut und böse fragen. Die so schmerzliche Erfahrung, daß der Mensch, seiner Schönheit zum Hohn, eben auch fähig ist, Böses zu tun, behandelt Hildegard immer wieder in ihrem Werk (LDO IV,15).

3.1 Gut und Böse

Es kann im Rahmen dieses Büchleins nicht darum gehen, eine umfassende Auslegung der biblischen Erzählung vom Sündenfall zu geben. Vielmehr beschäftigt uns hier, wie Hildegard „gut" und „böse" übersetzt in das Verhalten des Menschen angesichts seiner Fähigkeit, sich selbst und die Welt wahrzunehmen.
Sie gibt eine für unser Urteil ungewohnte Verhälnisbestimmung: Die Frage nach gut oder böse

ist die Frage nach sinnschaffend oder sinnlos, nach dem, was mich in das Miteinander mit dem anderen oder in die Isolation führt. Wenn wir auf den biblischen Text zurückgreifen: Im Menschen wird Neid geweckt – auf den Partner, auf die „Schlange“, auf Gott. Der Mensch nimmt aber nicht das Gespräch auf, um aus der Sackgasse herauszukommen, sondern er wendet sich ab in die Isolation. Hildegard sagt: „Die Natur des Menschen wurde verfremdet (vit.mer. II,55).“

Für Hildegard bleibt bestehen, daß der Mensch das Wissen um gut und böse in sich trägt (vit.mer. III,27). Er ist also nicht programmiert auf ein Entweder-Oder: Entweder er tut nur das Gute oder er ist durch und durch schlecht. Das erfordert ein Hinhören und Hinsehen, ein Einfühlen in mich und dann in den andern. Die Frage ist: Was entspricht jetzt dem rechten Maß, einer sinnvollen Einteilung, meinen Verhältnissen und Kräften? Dies ist die „discretio“ der benediktinischen Tradition, die Unterscheidungsgabe, die Aufmerksamkeit, Achtsamkeit und Entschiedenheit, wahrnehmen zu wollen, was jetzt dem rechten Maß entspricht. Ihr körperliches Gegenstück ist die Kehle, der Schlund, von dem schon die Rede war.[3]

Der Geiz-Hals hat eben eine enge Kehle (LDO IV,90). Seine Enge kommt aus der Angst um sich selbst. Er will Sicherheit für sich. Das treibt ihn aus der Weite in die Enge. Er ist hart gegen sich und andere. Er fällt in den Weltschmerz und will nur ja nicht das Schöne in sich oder im anderen sehen (vit.mer. III,62). „Wenn die Geizhälse das nicht kriegen, was sie wollen, fallen sie in eine Traurigkeit, aus der sie sich nicht leicht erheben können, ... von Widersprüchlichkeiten umschlungen ... Ein Ast hat die Kehle und den Hals umschlungen. Allen fallen Geizhälse nur zur Last ...

in der Bitterkeit ihres traurigen Gemütszustandes (vit.mer.V,47-49).“ Der Geiz spricht zu sich: „Dann brauche ich niemanden mehr zu fürchten (vit.mer. V,12).“ Er fürchtet, etwas oder gar sich selbst an den anderen zu verlieren, deshalb macht er „zu“ und will sich um niemanden mehr kümmern: „Würde ich ... Mitleid in mir hegen, was würde da von mir selber noch übrigbleiben (vit.mer I,16)?“ Er kann nicht schenken und sich auch nicht beschenken lassen. Denn sich zu freuen über eine Gabe, die Liebe ausdrückt, hieße ja, zuzugeben, daß er Liebe braucht.
Diese Haltung „nimmt einem Menschen nicht nur die Dinge außerhalb seines Körpers, sie beraubt ihn auch des Körpers selber (vit.mer. V,76)“. Denn jede Kreatur trägt in sich die Sehnsucht nach Empfangen und „umarmender Liebe“ (vit.mer. I,17). Unter den Berichten über Krankenheilungen Hildegards stehen zwei, die sich mit der „Kehle“ (lat. guttur) befassen (vita 118C.119A; Leben S. 102.103): Eine Frau kann wegen einer Geschwulst an Hals und Brust nicht mehr schlucken. Heilend wirkt das Mitempfinden Hildegards, die keine Abscheu hat vor der Erkrankung. Ein Mann kann wegen eines Leidens im Schlund nicht mehr atmen. Ihm hilft geweihtes Wasser, das Hildegard ihm sendet. Auch hier ist wieder von der „Barmherzigkeit“ die Rede. Hatte die Frau kein Mitempfinden empfangen, so daß ihr der Atem stockte? Hatte der Mann zu viel „geschluckt“, so daß er nicht mehr atmen konnte? War sein Lebensbrunnen vertrocknet und ohne Wasser (vgl. Kap. 3.2)? Beide mußten das ihnen zukommende Maß an umarmender Liebe entbehren. Die Bitte an Hildegard, ihnen zu helfen, zeigt, daß sie spürten, was ihnen fehlte: Mitempfinden und Barmherzigkeit.
Jede sichtbare Gestalt hat ihren Namen und ihr

Maß (LDO IV,33). Unsere Aufnahmefähigkeit ist nicht grenzenlos. Aber sie hat auch einen Grundbedarf. Wir können dem, was uns fehlt oder was wir aufnehmen, „einen Namen geben" (Gen 2,19), brauchen nicht stumm zu bleiben in Schmerz, Bitternis oder Freude. Ein Unterschreiten oder Überschreiten des Maßes führt in Überdruß und Niedergeschlagenheit. Dies kann durch ein Zuviel und ein Zuwenig geschehen, wenn die discretio nicht eingesetzt wird. Sie hilft zu unterscheiden zwischen der Meinung der anderen und meinem „Maß". Sie hilft mir einzusehen, daß ich meine Kraft nicht zu überschreiten brauche, wenn ich dadurch meine Lebenskraft vermindere. Die discretio hilft, das Gefühl der Sinnlosigkeit zu befragen, was ihm fehlt.[4]
„Der Mensch ist von Natur aus gut" (vit.mer. II,93), sagt Hildegard gerade dem Menschen, der meint, nur Schlechtes an sich zu haben und nur Schlechtes zu erleben. Er überläßt sich der Trübsal und „kriecht wie eine Unke in das Loch der Trübsal, scheu vor allem, was ihm begegnen könnte, ... er ist eher tot als lebendig (vit.mer. V,83)".
Hildegard wendet ihr Mitempfinden den Menschen zu und weckt damit die „Integrität" des Menschen, seine Würde und Schönheit, wenn es darum geht, ihn aus der Niedergeschlagenheit herauszuführen. Diese Haltung ist gänzlich anders als zu sagen: „Ist alles nicht so schlimm ... Kopf hoch!" Dies wäre eher Ausweichen, Loshaben-Wollen, sogar Zynismus. Integrität hat nichts mit moralischer Ermahnung zu tun, sie ist eher eine Haltung in der Begegnung mit dem Unverständlichen und Leidvollen im menschlichen Leben: Discretio und Mitempfinden können frei den Blick auf den Menschen richten. „Unberührtheit vom Bösen", Integrität, versteht

Hildegard auch nicht als sexuelle Abstinenz. Integrität meint die Ganzheit des Menschen, die Fülle wie des vollen Mondes: Das Geschöpf ist erfüllt vom Licht des Schöpfers. Es ist lebendig in der Ausrichtung auf Ewiges. Es spürt sich selbst. Es sieht seine Erfahrungen – auch die bitteren – mit offenen Augen an; denn die Ganzheit stören sie nur, wenn wir versuchen, sie zu leugnen.
Der Körper ist nach Hildegard sinnvoll proportioniert nach einem wundervollen Plan. Trotzdem gleicht kein Mensch dem andern. Was für den Körper gilt, gilt auch für unseren seelischen Bauplan: Wir haben Grundkräfte und Fähigkeiten. Aber die Ausgestaltung eines Lebens kann nicht nach einem Schema vorgenommen werden.[5]
Hildegard blendet den Blick auf die Untiefen aber nicht aus. Sie kann die Seele als „Abgrund", den Körper als „Angesicht des Abgrundes" benennen (LDO IV,23).

3.2 Abgründige Tiefe

Die „fruchtbringende" und deshalb schöpferische Kraft der Seele (LDO IV,72) läßt sie gerade die Tiefen erkunden und ausloten, um darin Neues zu schaffen. Dies gehört zu ihrem „leidenschaftlichen Weg" (LDO IV,98.103; vgl. Kap.6). Unsere Reaktion ist oft genug, die Tiefe zu verschütten oder wenigstens einen Steg über den Abgrund zu bauen, damit wir schnell darüber hinweg kommen. Wir möchten das Dunkle lieber nicht wahrnehmen, weil wir es als Anklage empfinden, und meinen, das dürfte doch nicht sein. Damit verfehlen wir unsere Ganzheit und unseren Reifungsprozeß.
Hildegard sieht sehr nüchtern und wissend die

Realität des Menschen: Er lebt tatsächlich „mitten im Widerspruch" (LDO IV,26). Er ist „immer im Zweifel" (sciv. II,2,9).
Das Gute, Sinnvolle ist für ihn „belebender Hauch". Die Seele hat als Grundstreben zwar die „umarmende Liebe" zum Körper, doch kann es zu einer gespannten Auseinandersetzung kommen: Das Nicht-Lebendige kann sich dem Umfangen-Werden und Belebt-Werden entziehen und dadurch finster und leer bleiben.
„Als Gott Welt und Kreaturen erschuf, ließ er einen Platz leer: die Finsternis." Das Ungeschaffene bleibt leer, bleibt im Chaos (Gen 1,2). „Chaos" kommt von dem griechischen Wortstamm „gähnen", „das Maul aufreißen". Daher stammt die Abbildung des Chaos als Drachen. Eigenartigerweise will also gerade das Nichts, die Leere, etwas in sich hineinschlingen. Wenn wir uns leer und öde fühlen, möchte unser Schlund etwas haben, um Leben in sich aufzunehmen. Darstellungen der Auferstehung Christi zeigen die Gegenbewegung: Der Höllenschlund öffnet sich, die Menschen schreiten zum Licht und in ein neues Leben.
Hildegard sagt: „Durch das Dunkel wird das Licht geehrt (LDO IV,29)." Das Dunkle und Undurchdringliche in uns bleibt so lange öde und zerstörend, wie wir nicht wagen, es anzuschauen. Gerade dann verschlingt es Lebenskraft. Wir verbrauchen viel Energie, um es niederzuhalten – Energie, die wir einsetzen könnten, um Leben zu fördern. Eine fruchtbare Umgangsweise mit dem Dunklen und Ungeliebten ist, es nicht zu verleugnen. Es gehört ja zur Grundausstattung der Welt und des Menschen, aufnahmefähig zu sein für das Nicht-Verstehbare und aus ihm schöpferisch Neues zu gestalten. Er ist „gemischt aus hell und dunkel". „Für den Menschen wäre

es nicht gut, wenn er nur eine Erkenntnismöglichkeit hätte, weil er dann leer wäre: Weder könnte er ein Werk beginnen oder vollenden, noch das Licht des Tages von der Finsternis der Nacht unterscheiden (LDO IV,71)." Hell und dunkel nicht wahrnehmen und unterscheiden zu können, bedeutet Öde und Mangel. Hildegard vergleicht damit den Magen und den Kosmos: „Für den Magen ist es nicht gut, wenn er leer ist, so wie es für die Welt sinnlos wäre, wenn sie ohne die Vielfalt der Kreaturen wäre (LDO IV,71)."

„Jedes Ding der Welt füllt seine Leere mit Keimen und Wachsen (ebd.)." Im Austausch mit der Welt wird die Seele angefüllt mit den Dingen der Welt. Sie ist frei, wachsen zu lassen, zu wirken und zu handeln. Ohne Taten aus dem Wissen um gut und böse, um sinnvernichtend und sinnschaffend verdorrt ihre Lebenskraft. Gerade der Wunsch, „alles richtig zu machen", läßt uns leer: Wir nehmen dann nicht mehr wahr, was in uns und im andern sich bewegt, wir sind nicht fähig, uns zu öffnen und zu erfahren, daß der andere uns entgegenkommt. Wenn Hildegard sagt, daß das Dunkel das Licht ehrt, geht sie auf den Prozeß des Werdens aus dem Nichts ein (Gen 1,1). „Durch Gottes Güte ... vertraut die Seele darauf, daß sie über die heiligen Werke, die sie mit den Menschen wirkt, eine Wohnstätte für alle auf Erden schaffe (LDO IV,71)."

Auch die Früchte der Erde, die welken und faulen, werden von der Erde feucht gehalten, damit sie ihre Keimkraft entfalten. Sie sind also nicht Müll, sondern der Keim für den Neuanfang. So hat der Mensch den Reichtum seiner Erfahrung. Er hat aber auch Eigenverantwortung: „Der Mensch kann im Rad seines Gewissens frei entscheiden, zu welcher Seite er sich neigen will (vit.mer. III,27)."

Ein anderes Bild, das Hildegard verwendet: „Der Abgrund hält alles, was über der Erde, auf der Erde, unter der Erde ist (vit.mer. V,23.24).“ Der Abgrund ist „Grund des Universums“ (vit. mer. I, 46). Er ist „Werkstätte des höchsten Werkmeisters (ebd.), ist Brunnen“ (vit.mer. V,25). Unser Leben ist über unsere Tiefe erbaut. Was im „Abgrund“ lebendig ist oder schmerzt, wirkt sich auf die Oberfläche aus, auf unser alltägliches Empfinden und Tun. Schon oben beim Blick auf die Tiere der Abbildung kamen unsere dunklen Seiten zum Vorschein. Wir fürchten – natürlicherweise – die Schmerzen, die ein Verspüren unser selbst in den Abgründen mit sich bringt. Denn dort sind alle uneingestandenen Sehnsüchte, alle Wut, alle Ablehnung unseres Körpers und unserer Lebensgeschichte. „Der Abgrund hält alles“ läßt sich auch übersetzen: „Der Abgrund enthält alles.“ Er ist Fundament und Gefäß, begründet unser Leben und gibt ihm Nahrung. Er bringt es zur Entfaltung – wenn wir nicht vor ihm davonlaufen. Flüchten können wir durch zuviel äußeres Tun, aber ebenso durch Hast nach geistlichen Erfahrungen, wenn sie uns dazu helfen sollen, neue außerordentliche Visionen anderer aufzusaugen, und damit unseren Erfahrungsschatz stumm machen. Wir werden dann nichts aufnehmen und uns in der Illusion einer neuen Lebensphase selbst täuschen.
Erst einmal wahrzunehmen, was da auch in mir ist, was mir unbekannt und unheimlich ist, kann eine heftige Erschütterung auslösen. Dann „beben die Säulen des Abgrunds“ (Ps 18,8). Vielleicht fragen wir dann: „Kann das sein? Bin das noch ich? Aber ich habe doch immer ...“ Sich selbst so fremd gegenübergestanden zu sein und so hilflos, öffnet die verschüttete Fähigkeit der Selbstwahrnehmung.

Der Abgrund ist „Werkstätte des höchsten Schöpfers". In diesem Atelier kann eine neue Gestalt des Lebens entstehen. Der Abgrund ist nach Hildegard eine „Schatzkammer", in der für Körper und Seele noch Unbekanntes darauf wartet, wahrgenommen zu werden (LDO V,23.24).
Ein anderes Bild für den Abgrund ist „Brunnquell". „Wasser, empor!" (Num. 21,17; Joh. 7,38) ruft das Volk Israel auf dem Weg durch die Wüste. Namen von Brunnen geben in der Bibel Hinweise auf Stationen des Lebens: Beer-Scheba (Gen 26,33) zeigt den Aufbruch und die Zuversicht. In der Wüste nennt Hagar den Brunnen: Brunnen des Lebendigen, der mich sieht (Gen 16,14). Nach überstandener Gefahr heißt ein Brunnen Rechoboth, weiter Raum (Gen 26,22). „Jubelt, ihr Erd-Tiefen!" (Jes. 44,23) singt das Volk nach der Befreiung aus der Unterdrückung. Das emporquellende Wasser, das seinem Ziel zustrebt, ist Symbol des Strebens des Menschen, zu Licht und Leben durchzustoßen.

3.3 Sich-Ausstrecken (intentio)

Zum schöpferischen Wahrnehmen und Gestalten gelangt der Mensch im Akt des Sich-Ausstreckens. In diesem Grundstreben vereinigen sich nach Hildegard alle schöpferischen Kräfte der Seele.
Vier Grundkräfte nennt Hildegards Werk: cogitatio, Denken; locutio, Sprechen; intentio, Absicht, „Trieb"; gemitus, Gemüt, Seufzen (LDO IV,49) Die Symbolik der Vier weist auf die vier Himmelsrichtungen, auf den Menschen mit ausgebreiteten Armen im Kosmos (sciv. I,4).
Hildegard kann aber auch die Symbolik der Fünf verwenden, um den Menschen in seinen seeli-

schen Kräften zu beschreiben. Dann gliedert sie (LDO IV,17): comprehensio und exspiratio, d.h. Umfassen, verstehendes Aufnehmen und Ausatmen, Weggeben; intelligentia und scientia, d.h. einsichtiges Verstehen und Können (Wissen), das weitergegeben und gelehrt werden kann; motio und sensus, d.h. inneres Bewegtsein und Empfinden der Sinne; cogitatio und locutio, d.h. Denken und Sprechen; intentio und gemitus, d.h. Sich-Ausstrecken und Seufzen. Die Fünf bezeichnet die fünf Sinne des Menschen, aber auch die Menschwerdung Christi und seine fünf Wunden, die Zeichen seiner Liebe zum Menschen sind (sciv. I,6,8). Jedes der genannten Begriffspaare beinhaltet ein Aufnehmen und Weitergeben. Zusammengefaßt werden alle diese Kräfte unter „sensualitas“, Empfindungsfähigkeit und „intellectus“, Fähigkeit zu verstehen (LDO IV,57). Der Mensch hat die Fähigkeit zu verstehen, was in ihm ist. Die „ratio“ hilft ihm dabei. „Ratio“ meint aber nicht „Vernunft“ im Sinne kopflastiger Einstellung, sondern eher das Verantwortungsbewußtsein, das im Einklang mit der Ordnung des Kosmos geübt ist. Es ist getragen von der Sehnsucht nach dem sinnvollen Ganzen.

„Wie die Morgenröte das Tageslicht verkündet, so offenbart das Empfindungsvermögen des Menschen mit der Vernunft zusammen alle Seelenkräfte ... Die Seele atmet das Empfinden aus. Mit lebendigem Antlitz (vivente facie vivificat) macht es (oder: sie, die Seele) lebendig und voller Herrlichkeit und stattet den Menschen wunderbar aus mit der Fähigkeit zum Sehen, Hören, Schmekken, Riechen, Tasten, so daß der Mensch, in seiner Empfindungsfähigkeit angerührt, ganz wach wird für alle Dinge ... Das Empfindungsvermögen ist im Menschen wie kostbare Edelsteine und wie ein prächtiger Schatz, der in seinem Gefäß versiegelt ist. Das Gefäß ist sichtbar, man weiß um den Schatz darin – ebenso erkennt man am Empfindungsvermögen die übrigen Seelenkräfte (sciv. I,4,24)." Aus solchen Sätzen klingt die ganze Bewunderung Hildegards für die Sinne des Menschen und ihre Freude an der Wahrnehmung alles Lebendigen. Sie sieht die Sinne als „Leiter" (LDO IV,14).

Angerührt zu sein, ganz wach zu sein, können wir uns oft nicht erlauben aus Angst, uns zu verlieren. Je wacher unser Empfinden, desto lebendiger unser Leben. Auf der Abbildung steht der Mensch mitten in der Welt und hält ein feines Netz in der Hand: Er bezieht auf sich, was er wahrnimmt. Er selbst ist verwoben in das Ganze der Schöpfung (LDO II,15; IV,48). Die Seele wirkt im Erkennen „schöpferisch (d.h. fruchtbringend, lat. fructifera) mit der ganzen Kreatur". Dabei kommt der Grundsatz zur Geltung, den das Mittelalter von Augustinus übernahm: Der Mensch erkennt nur, was er versteht, oder genauer: was er liebt, worauf er sein intensivstes Streben mit allen Kräften lenkt. „Wohin die Absicht (intentio) einen Menschen führt, dorthin lenkt er seine Sinne, wenn auch oftmals die Gedanken des Herzens, gleichsam im Verborgenen sinnend, nichts davon wissen (LDO IV,37)." Wir wählen also aus, was wir an uns heranlassen, und nehmen selektiv, auswählend, wahr; denn „jeder Sinn neigt sich entsprechend der Absicht des Menschen", d.h. entsprechend des (uns gar nicht bewußten) Strebens, das von unseren früheren Erfahrungen geprägt wurde – oder auch von fehlenden Erfahrungen. Hildegard beschreibt diese Erfahrung: „Der Mensch sieht mit den Augen, was er durch die Weisheit versteht, und erfaßt es durch Hören, Riechen und Schmecken. Was aber in seinem Herzen sich sammelt, das weiß er durch das Erkennen und schaut dieses nicht mit seinen Augen (LDO IV,37).“ Hildegard erklärt dies am Verhalten Evas: Diese kannte noch nicht die Schlauheit des Diabolus (=dessen, „der alles durcheinanderbringt“), der etwas sagte, was vielleicht schon in ihr lag. Sie täuschte sich nicht nur über die „Schlange“, sondern vor allem über sich selbst. Danach erst wußte Eva, was „gut“ ist. Sie selbst war verantwortlich für ihr Tun und konnte es nicht auf einen anderen abschieben (LDO IV,37).

Wenn wir es in moderner Sprache ausdrücken: Wir verleugnen eine innere Stimme in uns. Wir verurteilen uns dafür. Jemand anders sagt genau, was wir uns schon lange denken. Entweder wir verurteilen ihn: „Wie kann man nur ...“ Oder wir verstecken uns hinter seiner Aussage, die uns Verantwortung für eine Haltung abnimmt: „Aber der hat doch gesagt ... und deshalb habe ich ...“ Wir schieben die Verantwortung für ein (unrechtes) Tun auf den, der „gesagt hat“.

Unser inneres Gehör ist unscharf. Der Grund dafür liegt darin, daß wir uns nicht im klaren darüber sind, welche Stimme lebenerweckend ist. Das Mittelalter kannte ein Märchen vom Aspis-Wurm, das dieses Verhalten spiegelt: Schlangenartig stopft sich dieses Fabelwesen ein Ohr mit dem Schwanz zu, das andere preßt es auf die Erde, um sich zu schützen vor all den verführerischen Stimmen. Es ist Sinnbild der Verstocktheit und Isolation, die sich selbst genug ist. In sich verkrümmt hört sie nur noch die eigene Unruhe.

Der Mensch setzt „sich selbst seine Lebensregel entweder aus sich selbst oder durch einen anderen“ (LDO IV,73). Er findet nur das ganz, was er auch wirklich will (vit.mer. V,9).

Wenn wir sagen: „Ich muß dies oder jenes tun“ – heißt das: „Die anderen befehlen?“ – heißt das:

„Eigentlich möchte ich, aber ich wage mir den Wunsch nicht einzugestehen?“ Hildegard vertraut auf die schöpferische Kraft im Menschen. Sie kommt nach Hildegard vom göttlichen Schöpfer, der selbst der „artifex“, der Baumeister und kunstvolle Gestalter der Natur ist. Die Seele ist nach Hildegard in diesem Sinn vom göttlichen „Atem“ belebt.

Gott „zeichnete die ganze Schöpfung in den Menschen“, sagt Hildegard. Es ist diese eben gezeigte Entsprechung von innen und außen, die Symbolfunktion, die uns kaum bewußt ist. Wir erleben Äußeres nach unserem inneren vorgegebenen Schema des Verstehens. Aus den Worten eines anderen hören wir nur das heraus, was uns interessiert, vielleicht ängstigt, und richten unser Tun daran aus. Wir nehmen nicht wahr, welche „ganze Schöpfung“ bei einer Begegnung mit dem anderen in uns oder im Gegenüber verborgen bleibt. „Der Mensch sieht mit den Augen, was er durch die Weisheit versteht, und erfaßt es durch Hören, Riechen und Schmecken. Was sich aber in seinem Herzen sammelt, das weiß er durch das Erkennen ... (LDO IV,37).“ Wenn wir aufnehmen, wählen wir aus, was wir kennen und lieben. Die Bilder und Gefühle, die wir zulassen, können unserer Phantasie entstammen. Sie verbindet sich mit unserem Wollen und „entwirft“ unsere Wirklichkeit.
Diese Sichtweise bedeutet aber nicht, daß wir uns selbst eine Zensur auferlegen und uns jede Sehnsucht verbieten sollten vor lauter Angst, das Falsche zu wollen. Dann bleiben uns Erfahrungen verschlossen, wir bleiben hängen in der Höhe oder in der Tiefe. Dies „schwärzt die Seele an“, wie Hildegard sagt, es macht innerlich dunkel (LDO IV,28).

Aus einer Erfahrung, die ich gemacht habe, werde ich frei zurückblicken können auf hinter mir liegende Begegnungen. Ich kann zugeben, was ich falsch gemacht habe, kann sehen, was ich verlassen habe, wenn ich weiß, daß ich unterwegs bin, um zu lernen und meine Tiefen zu beachten.

3.4 Capacitas mundi

Ein Zeitgenosse Hildegards beschreibt das Verhältnis von Kosmos und Mensch in einem Gedicht: „Jede Kreatur dieser Welt ist für uns wie ein Buch oder ein Gemälde oder ein Spiegel: Ein verläßliches Zeichen für unser Leben, unseren Tod, unseren Stand, unser Schicksal."[6]
Der Mensch nimmt die Zeichen auf und verarbeitet sie. Mit seiner Seele wirkt er sein Werk im Gesamt der Welt. Die Seele ist „operatrix", Wirkerin (LDO IV,82). Der Mensch als ganzer ist „Werk Gottes" und „operarius", Arbeiter (vita II,35), „Mitarbeiter" („cooperator") Gottes LDO I,14). Er kann seiner „capacitas" entsprechend wirken und „artifex", künstlerischer Gestalter sein (LDO IV,86).
Wir haben gesehen, daß in Hildegards Sicht „Seele" und „Körper", innen und außen, nur Hilfskonstruktionen sind, um den Menschen zu verstehen. Denn die Seele ist nicht einfach „innen", der Körper nicht einfach „außen". Der Mensch läßt sich nicht aufspalten in Körper und Seele. Wie der Mensch nach der Welt ausgreift, so sind in der Gegenbewegung die Weltkräfte in den Menschen eingezeichnet – in seine körperliche und seelische Verfassung.
„Die Seele wirkt mit allen Geschöpfen im Menschen ... Das Fassungsvermögen der Welt (capacitas mundi) ist die Verteilerin der Kräfte in der

Fruchtbarkeit der Erde. Es läßt sie in keiner Weise allein und leer zurück bei den notwendigen Vorgängen der Reifung ... Wäre die Welt eng und zusammengeschrumpft ... könnte sie die Fülle der Geschöpfe nicht tragen ..."

„Der Schöpfer des Alls, der die Seele zu seiner Kunstwerkstatt gemacht hat, hat die Seele auf sich hin geschaffen ..." „Die Seele ist die schöpferische Kraft, die den ganzen Menschen ... lebendig macht (LDO IV,71,72)."

„Capacitas", Fassungsvermögen meint Weite und Wachsein, Lebendigkeit und Verwurzelung in der Tiefe der Erde im Wachsen und Reifen. Den Kosmos sieht Hildegard als großes „instrumentum"[7], als Werkzeug und Musikinstrument. Der Mensch ist gleichsam „Instrument im Instrument". Er ist nicht nur gewoben aus Körper und Seele, er ist auch in die Gesamtschöpfung verwoben. Dabei gilt für Hildegard: „Jedes Werkzeug (instrumentum) hat Gott so gewollt, daß eines auf das andere Rücksicht nehme (vit.mer. IV,3)".

„Als Gott in das Angesicht des Menschen schaute, den er gemacht hatte, sah er alle Werke der Schöpfung in dieser einen Gestalt (Lieder 60)."

„Als Gott dem Menschen ins Angesicht schaute, gefiel er ihm sehr gut ... Der Mensch stand auf, erweckt vom Lebenshauch seiner Seele, und kam zur Erkenntnis der gesamten Schöpfung ... Die ganze Welt schloß der Mensch in seine Arme (LDO IV,102)."

4. Einüben der Wahrnehmungsfähigkeit

Mit Körper und Seele repräsentiert der Mensch schöpferische Kraft (LDO IV,2). Schon zitiert wurde Hildegards Aussage: „Körper allüberall. Das nur ist der Mensch (LDO IV,103; Kap. 2)." Wir fragen nach den Konsequenzen aus dem Gesagten. Wie können wir eine verschüttete Wahrnehmungsfähigkeit, unsere „capacitas mundi" erlernen und einüben? Und welchen Sinn hat eine verfeinerte Wahrnehmung?
Sie soll uns befähigen, wacher mit uns selbst und anderen umzugehen. Das heißt, es kann nicht um etwas „ganz Besonderes" gehen. Das Einfachste und Natürliche hilft uns. Ziel soll nicht sein, daß wir ängstlich und verkrampft werden, sondern im Gegenteil, daß wir freier und vertrauender werden.

Drei erste kleine Versuche für den Alltag könnten die folgenden sein. Sie gehören zu den drei besprochenen Bereichen Gehör (Übung 1) – Kehle (Übung 2)- Nabel-/Bauchbereich (Übung 3). Die leitende Absicht ist, Spannung, die ja fehlgeleitete Energie ist, zu bemerken und zu lindern. Anstatt sie zu „verspannen", können wir unsere Energie in Lebenskraft umsetzen.
Die drei beschriebenen Übungen wollen helfen, drei Bereiche wahrzunehmen:
1) Einüben der Unterscheidung (discretio, Übung 1)
2) Spannung und Atmung (Übung 2)
3) Achten auf Beziehungen und Beziehungskonflikte (Übung 3)

Hilfreich zur Unterstützung unserer Wahrnehmungsfähigkeit ist die Gegenwart eines anderen, der Distanz zu uns hat, der uns aber seine Achtsamkeit und sein Mitempfinden schenkt, an dem wir lernen können, unser einseitiges Wahrnehmen aus der Enge zu führen und damit zu korrigieren.

4.1 Unterscheiden (discretio)

Wir werden Zeuge, wie über jemanden gesprochen und/oder geurteilt wird. (Vielleicht kommt schon beim Lesen eine Erinnerung an eine solche Situation.) Wir können Distanz zu diesem Geschehen gewinnen mit Fragen, die wir uns selbst stellen:
War es denn so, wie es geschildert wird?
Welche Frage möchte ich dem stellen, über den geredet wird?
Habe ich ihm gegenüber Gefühle der Abneigung oder der Sympathie?
Weshalb fürchte ich, es könnte auch über mich geredet werden?

4.2 Spannung und Atem

Unsere Gesichtsmuskeln sind meist angespannt (vgl. LDO IV,18). Die Spannung setzt sich fest in den Mundwinkeln, der Nasenwurzel und den Muskeln im Schläfenbereich. Gerade wenn wir eine verantwortungsvolle oder helfende Aufgabe haben oder meinen, immer „nett" sein zu müssen, kann es sein, daß wir ständig lächeln, auch wenn uns gar nicht danach zumute ist. Diese dauernde Anspannung läßt uns unecht und unglaubwürdig erscheinen.
Wir können uns ruhig auf einen Stuhl setzen und eine Übung zur Entspannung versuchen, indem wir uns erinnern, daß „Chaos", schöpferische Tiefe und „Gähnen" verwandt sind: Wir öffnen den Gaumen und den Schlund, das ist der hintere

weiche Gaumen, mit der Absicht zu gähnen und kosten den entspannenden Ansatz zum Gähnen möglichst lange aus. Die Augenlider lassen wir entspannt hängen. Setzt dann der Gähnreflex ein, können wir das Weitwerden unseres Rachens und das Einströmen der Luft genießen.

4.3 Beziehungsaspekte

Unser Atem „sitzt" fälschlicherweise flächig oben unter dem Hals. Wir ziehen beim Einatmen die Schultern hoch, als ob wir frieren würden oder den Kopf einziehen möchten und verspannen uns dabei. Richtig und wohltuend wäre Atmen mit dem Zwerchfell, mit dem „Bauch". Um überhaupt einmal zu erspüren, wo der Atem hinströmt, wenn Einatmen Entspannung (!) bedeutet, kann man eine einfache Übung in einem ruhigen Raum versuchen: Man liegt auf einer ebenen Unterlage (Boden, Bett) mit einem Kissen unter dem Kopf. Auf den Bauch oberhalb des Nabels kann man ein Buch legen. Dann sagt man zum Atem, er solle „dorthin" fließen, wo das Buch liegt. Das Buch hebt sich leicht, wenn der Atem einströmt. Ohne ein Hilfsmittel läßt sich die Übung des Weitens des Bauchraumes im Sitzen oder Liegen machen, wenn man schon ein „Gespür" für den Atem hat. Das Einströmen wird noch unterstützt durch Gähnstellung des Gaumens und Gähnen. Der Atem kommt in das Rund des „Rades" um den menschlichen Körper, wie es die Abbildung zeigt. Einatmen ist Hingabe und Loslassen. Beim Ausatmen können wir einen Seufzer oder nur irgendeinen ungeformten Ton aus uns aufsteigen lassen und ihn „befragen", was er uns vermitteln will. Fühlt er sich an wie „mir ist alles zuviel" oder wie „ich bin endlich Zuhause", „ich bin entspannt" ...?

Aufnehmen und wieder weggeben, rezipieren und reflektieren, festigen die Lebendigkeit: „Gott ... hat die Kraft des Menschen mit den Kräften der Elemente gestärkt und das Innere des Menschen durch diese Kräfte gefestigt. Beim Atmen nimmt sie der Mensch auf und gibt sie nach außen, ganz so wie die Sonne, die die Welt erleuchtet, ihre Strahlen weggibt und wieder in sich zurückzieht (LDO IV,16)."
In einer Situation wie unter 4.1 kann „erst einmal atmen" frei machen zur Gelassenheit.

5. Texte und Praxis Hildegards

Die in den Übungen angesprochenen Bereiche können noch deutlicher in Texten und der Lebenspraxis Hildegards herausgestellt werden. Entsprechend den drei Bereichen stellen wir drei Texte, ergänzt durch Berichte über Hildegard, vor.[8]

Wie schon erwähnt (Kap. 2.4), sieht Hildegard ein Wort in seinen Bestandteilen als Klang, Kraft und Hauch. Diese Dreiheit wird in der Tradition der Kirche auf Gott Vater, Sohn und Heiligen Geist, die als der „eine Gott“ den Menschen erschaffen haben, ausgelegt. Gott Vater erschuf die Welt durch „Unterscheidung“: Er schied das Licht von der Finsternis, das feste Land vom Wasser, er unterschied Pflanzen, Tiere und Menschen. Christus ist nach dem Johannesevangelium (Joh 1,2) Gottes Wort und Kraft. Er ist das „Es werde“ Gottes, indem er einen menschlichen Körper annahm (LDO IV,105). Der Heilige Geist ist Lebenshauch im Menschen, aber auch das „Band der Liebe“ (Augustinus) zwischen Gott Vater und Gott Sohn, zwischen der Gottheit und dem Menschen. Er zeigt also den „Beziehungsaspekt“ zwischen verschiedenen Personen. Diese Auslegung der Trinität setzt Hildegard in Texten ihrer Gesänge in Beziehung zu den Kräften des Menschen.

5.1 Unterscheidung

Wie wunderbar ist das Vorherwissen
im Herzen der Gottheit,
das jedes Geschöpf ewig vorher kannte!
Als Gott in das Antlitz des Menschen schaute,
den er geformt hatte,

sah er alle Werke der Schöpfung unversehrt
in dieser einen menschlichen Gestalt.
Wie wunderbar ist die Anhauchung
mit Gottes Geist,
die den Menschen so erweckte!
(Lieder 60)

Hier ist bildlich vom „Herzen der Gottheit" die Rede. Das Herz „ruht" nach Hildegard „in der Mitte" des Menschen, es ist also Symbol der Beständigkeit (LDO II,15). Aus dem „Herzen Gottes" geht das Geschöpf hervor (LDO III,9). Der Sohn Gottes „ruht" am Herzen des Vaters (Joh 1,18). Das Herz des Menschen beinhaltet das Wissen um gut und böse (LDO IV,105). Wie Gott das Schöpfungswort aus seinem Innersten hervorbrachte, spricht auch der Mensch das Wort verborgen in sich, ehe er es ausspricht (ebd.). Gedanken und Grübeleien können durchaus mächtiger sein als Worte, die von außen an das Gehör gelangen (LDO III,1).
Gott richtet nach diesem Text seinen Blick frei auf den Menschen, nur mit dem einen Vorurteil im Herzen, daß die Schöpfung „sehr gut" ist – auch wenn der Mensch das Paradies verlieren wird. Er schaut hindurch bis auf den Grund der Kreatur. Der Mensch als „lebendiges Wesen" wird jedoch im Verlauf seines Lebens noch weiter „geformt" durch seine Erfahrungen und sein Erkennen. Alle „Werke" sind in ihn eingeschrieben: Sein Tun, die Begegnungen mit anderen Menschen, die Ausrichtung auf sein Lebensziel. „Alle Werke der Schöpfung" sieht Gott laut Hildegard „unversehrt", „integra" in der Gestalt des Menschen. Diese „Unversehrtheit" kommt ihm im Anfang der Schöpfung zu. Aber trotz des „Falles" des Menschen bleibt sie erhalten. Hildegard sagt: Der Mensch ist nach dem „Fall" noch schö-

ner als im Ursprung, er wird nicht einfach nur „repariert" (vit.mer. I,47). Er soll die Chöre der Engel vervollständigen und zu den neun Chören den zehnten hinzufügen. Dann erst ist die Schöpfung vollendet (LDO IV,102). Die Darstellung der Engelschöre im sog. Lucca-Codex zeigt ein leuchtendes Rad mit den Kreisen der Engelschöre. Im Innersten deutet ein Kreis die Gottheit als nicht mehr gestaltbare, farblose Kugel. Damit wird dargestellt, daß Gott die äußerste und innerste Wirklichkeit des Menschen und des Alls ist. Hildegard läßt Gott sprechen (LDO IV,105): „Ich bin ohne Ursprung ... Ich bin Tag aus mir selber ... Ich sprach mein kleines Werk, das der Mensch ist, in mich hinein ... Der Mensch ist jenes Gewand, in dem mein Sohn sich ... als das Leben des Lebens zeigt." Der Mensch ist das „Kleid" Gottes, Gott ist im Innersten des Menschen. Auch hier begegnen wir wieder Hildegards grenzüberschreitender Sichtweise. Gott als das Innerste, Gestaltlose will keine Festlegung auf ein Bild – weder auf ein Bild der Gottheit noch des Menschen (Dtn 5,7.8).

Wie paßt diese Aussage zur Grundhaltung des Unterscheidens, der „discretio"? Nur die Unvoreingenommenheit kann frei das Geschöpf sehen und erkennen, was jetzt gut ist. Die Unterscheidung zu üben heißt ja, auf das Innere zu achten, nicht ein „gemachtes Bild" anzustarren. Gott hat den Menschen „erweckt" zum Leben (suscitavit). Die Gestalt eines Menschen schon zu sehen, wenn sie noch unerkennbar ist, läßt ihn aufwachen zum Leben. Ein noch nicht ausgesprochenes Wort schon hören zu können, noch ehe es laut erklingt, läßt schon den Klang, die Kraft und den Hauch dieses Wortes aufnehmen. Für die „discretio" ist nach Hildegard gerade charakteristisch, daß sie mit dem ersten Blick nur eines sieht: „Es ist sehr gut.“ Sie ist ja keine fest definierte strenge Eigenschaft etwa des Seelenführers, sondern eher eine „Stütze“, auf der das Leben ruhen kann: In der Begegnung können beide Partner offen sein für das innere Wort, weil es getragen ist vom nicht verurteilenden Blick. Alle Wunder Gottes sind im Menschen gegenwärtig (LDO IX,14). Die „discretio“ ist „sustentaculum“, „Stütze darunter“ in der Begegnung (LDO V,29). Sie hält jede Fähigkeit, aber auch jedes Versagen geborgen.

Hildegards Leben zeigt, daß die discretio einer ständigen Übung und Erfahrung bedarf. Hildegard schwankte oft zwischen ihrer Angst vor anderen Menschen und deren Urteil über sie und dem Wissen um ihre (Hildegards) Stärke. Sie schwankte zwischen Erschöpfung und Kraft und mußte immer wieder das rechte Maß finden (vita 103A-C.113A.127C). Ihrem ungewöhnlichen und kraftvollen Tun gingen oft Konflikte voraus, in denen sie lernte, ihren Weg zu verstehen.[9]

Vor dem Wegzug aus der Klause auf den Rupertsberg lähmt sie der Widerstand der Mönche, die sie nicht gehen lassen möchten, derart, daß sie „wie ein Felsblock“ darniederliegt. Die Uneinigkeit mit anderen kostet sie alle Kraft (vita I,5.6). Die Argumente der anderen klingen zunächst zwar vernünftig und einleuchtend, sie unterstellen Hildegard dann aber Heuchelei und Betrug (vita III,5). Über diesem Vorwurf „erstarrt“ Hildegard. Schließlich erkennen Menschen in Hildegards Umgebung, daß ihr Unrecht geschieht. Sie kann mit ihrer Gemeinschaft ausziehen. In diesem Fall ist Hildegard diejenige, an der und für die anderen erkennen, was gut ist. Ein andermal kann sie Zwistigkeiten in einer Gemeinschaft schlichten (vita III,23). Voraus geht auch hier ihr Zögern.

Wie gut Hildegard zwischen äußerem Wort und innerer Verfassung unterscheiden konnte, belegen ihre Briefe. Ihre Reaktion auf vorgetragene Bitten ist mitunter erstaunlich, weil anders als wir erwarten würden. So schreibt ihr der Vorsteher eines Klosters, er könne die Last seiner Aufgabe nicht mehr tragen, und deshalb möchte er, daß Gott ihn durch Hildegard von seinem Amt entbindet (ep.74). Die Antwort Hildegards lautet, er solle den Übermut und seine Ausschweifungen sein lassen. Sie sieht also hinter der Klage über die Schwachheit die Unzufriedenheit darüber, nicht mehr leisten zu können, und eine jagende Hast nach Glück, um die Unersättlichkeit zu sättigen. Der Schreiber des Briefes ist gleichzeitig vor Mutlosigkeit in sich zusammengesunken, wie er im Hochmut zu hoch hinaus will.
Ein anderer Schreiber bittet Hildegard, für ihn zu beten (ep.46). Hildegard antwortet, was sie innerlich „sieht und hört". Sie erinnert ihn an die Fähigkeit, gut und böse zu unterscheiden und auf seine Gewohnheiten und Taten zu achten. Damit weigert sie sich, ihm Regeln oder besondere Offenbarungen zu vermitteln. Er soll selbst auf sein Leben schauen und unterscheiden, was ihm nützt und seiner Seele ein Zuhause und Ausruhen gibt. Er braucht nicht zu versinken in dem Gedanken „Ich bin elend, wehe mir", sondern kann sich auf die in ihm liegenden Kräfte zum Guten besinnen.

5.2 Mit Spannung umgehen

O Kraft der Weisheit,
die du umschreitend das All
in deiner Umarmung umschlungen hältst
in einer einzigen Bahn,

die Leben in sich hat.
Drei Flügel hast du:
Einer fliegt in die Höhe,
einer schwitzt auf der Erde,
der dritte fliegt allüberall.
Lob sei dir, wie es dir gebührt, o Weisheit!
(Lieder 59)

„Gottes Kraft und Weisheit“ (1 Kor 1,24) trägt der Mensch als Ebenbild der Gottheit in sich. Die Weisheit ist „milde“ und „erspürt irdische Dinge“ (vit.mer.59; LDO IX,19). Sie umspannt das All in einer einzigen Bahn und Umarmung. Das Bild der Umarmung begegnete uns schon oben bei der Beschreibung des Verhältnisses der Seele zum Körper (Kap. 3).

Die Weisheit „fliegt“ in die Höhe. Das lat. Wort für „Höhe“, „altum“, läßt sich auch mit „Tiefe“ übersetzen. Alle Raumvorstellungen überschreitend ist damit ausgesagt, daß jede Distanz und Unendlichkeit umfaßt wird. Weisheit, lat. sapientia, kommt von dem Wortstamm „schmecken, verkosten“. Der Mensch kann die Milde der Weisheit und in ihr die Höhe und Tiefe seines Lebens kosten.

Auch der Ausdruck, daß die Weisheit „auf der Erde schwitzt“, entspricht nicht einer vergeistigten Vorstellung von Weisheit. Lat. „sudare“, ausdünsten, ausscheiden, beschreibt den arbeitenden Körper, der sich abmüht mit der Erde, damit durch seine Arbeit auf ihr etwas wachsen kann. Der dritte „Flügel“ schließlich schwebt leicht und mühelos im ganzen All. Der in diesem Bild aufgebaute Spannungsbogen von der Tiefe bis ins All ist ein im Mittelalter bekanntes Symbol. Es versinnbildlicht den Dreischritt von Meditation, Nachdenken und Kontemplation. Ein Text des Richard von St.Viktor, eines Zeitgenossen Hildegards, verleiht diesem Verständnis Ausdruck: „Die Kontemplation (contemplatio, Anschauung) unterscheidet sich vom Denken (cogitatio) und der Meditation (meditatio, Einüben in die Betrachtung) ... Das Denken eilt, ohne Rücksicht auf das Ankommen, auf Umwegen ... umher. Die Meditation strebt oft auf steilem und hartem Weg mit großer seelischer Anstrengung ans Ziel. Die Kontemplation umkreist in freiem Flug alles ... Das Denken kriecht dahin, die Meditation schreitet einher und läuft manchmal auch. Die Kontemplation aber umfliegt alles; sie bleibt, wenn sie will, schwebend in der Höhe stehen ... Kontemplation ist Bewunderung (Benjamin maior, PL 196,66f).“

Der Text beinhaltet die Spannung von dahinkriechen, aufrecht gehen und fliegen. Die Leichtigkeit des dritten Flügelpaares oder Weges, der Kontemplation, kommt aus der Haltung des Bewunderns. Dieses Bewundern löst die Spannung und öffnet. Die Reihenfolge in Hildegards Lied ist: Meditation (das Flügelpaar, das in die Höhe und Tiefe fliegt), Denken (das Schwitzen auf der Erde) und Kontemplation. Inhaltlich drückt sie dasselbe aus wie Richard: Denken und Meditation sind noch im Kreislauf von Aufnehmen und Verarbeiten. Die Leichtigkeit der Kontemplation kommt daher, daß sie nicht mehr einteilt oder wertet. Sie „sieht und sieht doch nicht, hört und hört doch nicht (vit.mer. VI,68)“. Merkmal ist, daß sie überall praktiziert werden kann. Es geht ihr nicht um ein „Abheben“ aus der Wirklichkeit, sondern darum, in ihr gegenwärtig zu sein. Auch und gerade in der Begegnung mit anderen Menschen oder dem eigenen Körper ist die Kontemplation Stütze und Öffnerin. Sie ist so selbstverständlich wie der Atem.

Hildegard erklärt die „Flügel der Seele“, mit de-

nen sie im Körper und in der Schöpfung gegenwärtig ist: Sie fliegt mit den Sinnen, auf dem Weg des körperlichen und geistigen Erkennens, mit dem Wollen (intentio) und der Einsicht (intellectus). Vorwärts und rückwärts im Leben des Menschen ist sie beweglich. Sie fliegt in die Höhe und die Tiefe LDO (IV,95). Seine „Beschwingtheit" erlangt der Mensch durch die Sehnsucht, das Gute zu sehen und zu „verkosten".
Hildegard weist auch darauf hin, daß Ermüdung und Entspannung zum natürlichen Ablauf des Aufnehmens gehören. Wie der Vogel seine Schwingen lockert, um sie zu entlasten, muß auch der Mensch ausruhen vom Wahrnehmen der Eindrücke aus der Schöpfung (LDO IV,98).

5.3 Beziehungen und Lebensgeschichte

Heiliger Geist,
lebendigmachendes Leben:
Alles bewegt er.
Er ist die Wurzel in jeder Kreatur.
Alles reinigt er von der Unreinheit.
Er deckt die Verfehlungen zu
und salbt die Wunden.
So ist er das funkelnde
und preiswürdige Leben:
Alles erweckend und wiedererweckend.
(Lieder 15)

Der Hl. Geist symbolisiert die Liebe als verbindende Kraft zwischen Vater und Sohn in ihrem Wirken an der Schöpfung. Er ist „Lebendigmacher", denn er war schon bei der Erschaffung der Welt gegenwärtig. Er schwebte über dem Chaos (Gen 1,2). Er durchdringt alles belebend. Er schafft Gemeinschaft, indem er heilt und vor

Leben funkelt, indem er Leben gebiert und totes Leben wiedererweckt. Die Fülle der Förderung von Wachstum und Entwicklung bringt er. Der Geist ist im Menschen „eingeströmt“ (LDO IX,14). Der Ausdruck „jede Kreatur“ meint bei Hildegard den Menschen als Repräsentanten der ganzen Schöpfung (LDO IX,14). So kann sie den Menschen selbst einfach nur „Geist“ oder „Leben“ nennen (ebd.). Da Gott selbst auch in der Kontemplation nicht geschaut werden kann, wird er in der Schöpfung erkannt. Seine Wunder sind im Menschen gegenwärtig (LDO IX,14).
In den Beziehungen Hildegards wird diese „Kontemplation am Menschen“ spürbar, auch wenn diese oft spannungsreich und gar nicht erhaben über Verletzungen und Mißverständnisse waren. Einige Beispiele sollen das verdeutlichen:
Von Richardis, der Sekretärin und Vertrauten Hildegards, war oben schon die Rede (Kap. 1.3). Hildegard erwähnt sie in ihren Schriften als „das bestimmte Mädchen, das mir half“ (sciv.Einl.; vit.mer.Vorwort). Von ihrem Sekretär Volmar, der ihre Werke in gutes Latein brachte, spricht sie als von dem „gesuchten und gefundenen Menschen“ (sciv.Einl.). Hildegard braucht Menschen um sich, die ihr helfen, wenn es ihr schlecht geht oder sie überarbeitet ist, die aber auch einfach nur mit ihr leben und arbeiten. Da sie immer wieder in der Gefahr steht, sich in die Niedergeschlagenheit treiben zu lassen, sucht sie besonders dann die Nähe der anderen. Sie schweigt nicht, sondern spricht mit ihnen. „Da sprach, sang und schrieb ich trotzdem“, sagt sie über eine Phase der Krankheit. Volmar ist ihr „Symmysta“ (Mitwisser um ihr Innerstes und der Geheimnisse; vita II,10). Mit einem anderen zu sprechen, der zuhört und mitempfindet, bewahrt vor Fehleinschätzungen, vor falscher Höhe und falscher Tiefe.

Hildegard kann andere um Hilfe bitten und sie annehmen. So schreibt sie an Bernhard von Clairvaux und bittet ihn um Trost (Briefwechsel 25). Hildegards Fähigkeit, anderen – trotz ihrer Skrupel – zu sagen, daß sie Hilfe braucht, machte es den Menschen leicht, sich ihrerseits Hildegard zu öffnen. Ein Mädchen, das früh sein Zuhause verlassen hat und in das Kloster eintrat, wendet sich nach dreitägigem Fieber an Hildegard.

Deren „Segensgebete" bringen die Gesundheit zurück (vita III,1; Leben 101). Liest man diese in Hildegards riesigem Gesamtwerk vergleichsweise kleine Notiz über ihr Tun, stellt sich unwillkürlich ein Vergleich ein: Dieses Mädchen erscheint wie ein Spiegel von Hildegards eigener Kindheit. Es heißt wie sie Hildegard. Es hat wie sie adelige Eltern und Heimat verlassen, um in das Kloster zu kommen. Es leidet erst einsam, bis es Hildegard um Hilfe bittet. Hildegard selbst lernte ja dieses Herausgehen aus sich, hin in die Gemeinschaft mit anderen. Sie wollte nicht in einsamer Höhe oder verlassener Tiefe leben.

Ähnliches wird von einem Mönch berichtet (vita III,2; Leben 101f). Auch er quält sich drei Tage mit Fieber. Endlich bittet auch er um Hilfe und wird gesund. Die drei Tage sind Symbol für Sterben und Auferstehen Christi. Wenn dem Erzähler der Berichte dies wichtig ist, will er darauf hinweisen, daß diese Menschen „Höllenqualen" gelitten haben und mittels der Begegnung mit Hildegard, die ihr Leiden verstand, den Weg zur Auferstehung gehen konnten.

Aber nicht immer konnte Hildegard in Begegnungen „Auferstehung" erleben. In ihrem letzten Lebensjahr hatte sie einen schweren Konflikt durchzustehen. Auf dem Rupertsberger Friedhof wurde ein Adliger bestattet, von dem es hieß, daß er noch unter dem Bann stünde. Hildegard war sich sicher, daß der Bann aufgehoben war und einer kirchlichen Bestattung nichts im Weg stand. Sie widersetzte sich dem Verbot, diesen Mann zu beerdigen. Daraufhin wurde ihr Kloster mit dem Interdikt belegt, d.h. das Stundengebet durfte nicht mehr öffentlich gesungen werden und die Feier der Messe war verboten. Hildegard kämpft um ihr Recht, bis das Interdikt aufgehoben wird. Hildegard hatte also nach innen und nach außen Schweres durchzustehen: Gegenüber ihren Schwestern war sie verantwortlich für eine Strafe, die alle traf. Gegenüber den weltlichen und kirchlichen Oberen erschien sie leidlich anmaßend. Der Briefwechsel in dieser Sache läßt erkennen, wie Hildegard die Situation innerlich durchstand (Briefwechsel 235ff). Sie durchlebt Angst und klagt. Sie fragt sich, ob ihr Tun richtig ist und wendet sich an einen Vertrauten. Sie durchgeht die Situation und versucht mit den Beteiligten ein Gespräch. Sie macht sich Gedanken über den Einklang von Seele und Körper gerade in der Situation, in der sie nicht laut singen darf. Sie spricht davon, tief zu atmen und zu seufzen. Sie erinnert sich daran, daß Gott den Menschen gut erschaffen und ihm Schuld vergeben hat. Sie kommt zu dem Schluß, daß kein Mensch einem anderen verbieten darf, Barmherzigkeit und Mitempfinden zu üben. So kann sie den Konflikt in kleinen Schritten und mit innerer Kraft durchstehen, bis er sich löst.

6. Torrens iter – Der leidenschaftliche Weg der Seele

In den vorausgehenden Kapiteln wurden Aspekte der gemeinschaftlichen Wahrnehmung mit Körper und Seele nach Hildegard besprochen. Unseren Lebensweg gehen wir über äußerlich verschiedene Stationen. Trotzdem werden uns je nach Lebensalter dieselben Fragen immer wieder – vertieft und in verschiedener Gestalt – beschäftigen. Zunächst bemerken wir oft nicht, daß wir uns selbst in sozusagen nur neuer Verkleidung begegnet sind. Frühere Erfahrungen, Entscheidungen oder Verletzungen lassen sich auch durch äußerlich veränderte Verhältnisse nicht einfach auslöschen.
Im Anwachsen unseres Erfahrungsschatzes, der alles Gelungene, aber auch alle Brüche und Enttäuschungen enthält, sehen und beurteilen wir unsere Lebensgeschichte neu. Wir bewerten Begegnungen mit Menschen oder Erfolg und Mißerfolg anders. Wir werden uns unserer Verwundbarkeit mehr bewußt. Wir entdecken bis dahin kaum beachtete Fähigkeiten in uns. Unsere Sehnsucht nach Glück und tragfähigen Beziehungen wird stärker.
In diesem Abschnitt des Buches sollen nun vier Haltungen und die damit verbundenen inneren Vorgänge zur Sprache kommen, die wir ableiten aus den in Kap. 2.2 schon benannten vier „animalischen Kräften“ im Menschen. Wir nannten den Menschen ein Grenzwesen, das mit ausgebreiteten Armen in der Welt steht. Ihn umgibt als äußeres Rad das Rad des Kosmos. Sein Lebensprozeß vollzieht sich nach seinem inneren Kreis. Das Rad (rota, vgl. Kap. 1.1) und die Vier sind von besonderer symbolischer Bedeutung: Ewigkeit und Zeitlichkeit, Bewegung ohne

Anfang und Ende, ebenso aber genau beschriebene Richtung und Zielangabe erscheinen gleichzeitig und verweisen auf das Geheimnis, das der Mensch in seiner körperlichen und seelischen Verfassung ist. Eine schematisierte Nachzeichnung der Abbildung ergibt das Symbol ⊕. Damit wird bezeichnet: Der Mensch in der Welt; die Zentrierung von Welt und Mensch in die Mitte der Kreuzesform; das Umfangen des Vergänglichen durch die Ewigkeit; für das Mittelalter aber auch: die vier Ströme des Paradieses (Gen 2,10), die aus der Mitte des Schöpfungswortes entspringen. „Die in vier gleiche Teile gegliederte Welt (orbis quadratus)" meint in mittelalterlichem Verständnis „die ganze Welt", auch die gesamte Innenwelt des Menschen, die von Gott als dem „Künstler" gestaltet wurde: „Gott zeichnete die Geschöpfe der Erde mit seinem Kreis (LDO V,24)."

Rota, das Rad, symbolisiert aber nicht nur Gott, sondern den Menschen selbst: „Gott läßt den Menschen wie ein Rad im Lebensatem seinen Kreis ziehen (vit.mer. II,42)." Das Innere des Rades ist wie ein Raum, in dem der Mensch lebt (vit.mer. I,35). Es bedeutet Erneuerung im Lebensprozeß (vit.mer. VI,54). In dieser kreisförmig vorgestellten Bewegung „berühren sich Anfang und Ende der Kräfte" (LDO V,27). Daher kommt es, daß der Mensch sich überhaupt Erfahrungen merken und aus ihnen lernen kann; daß er das Gefühl haben kann, eine Situation schon einmal erlebt zu haben; daß er aber auch das Gefühl haben kann, „sich im Kreis zu drehen". Eine Wahrnehmung, die gar nicht mehr bewußt war, ist trotzdem noch lebendig und schaltet sich ein in den Kreislauf der seelischen oder körperlichen Empfindungen. Dies fordert uns auch heraus zur „Demut" im ursprünglichsten Sinn, wenn wir lebendig leben wollen: Demut, lat. humilitas, ist die Erdhaftigkeit, die Zustimmung dazu, „von der Erde“, „vom Ackerboden“ zu sein (Gen 2,7). „Mensch“, lat. „homo“, ist von dieser Wurzel „Erde“ abgeleitet. Keine der Regungen und Kräfte im Menschen darf als nicht zu ihm gehörend beurteilt werden, sondern ist – nach Hildegard – „zu umarmen“ (s.o. Kap. 3).

Für diese Erdbezogenheit ist es ganz natürlich, sich selbst in der Reaktion auf die Welt und Menschen wahrzunehmen. Dabei lassen sich vier innere Prinzipien oder besser Beweggründe für unser Tun erkennen, die aus der Reaktion auf unser Empfinden kommen (lat. motus oder motio; dt. „Motiv“, Beweggrund). Die schon beschriebenen vier Tiere der Abbildung begegnen uns nun noch einmal in ihrer symbolischen, auf die Gefühle des Menschen hinweisenden Aussage (von links im Uhrzeigersinn): Bär, Leopard, Löwe und Wolf (LDO II,16.18; III,9).

Ausdrücklich sagt Hildegard, daß „die Tiere, die auf der Erde sich bewegen und wohnen, die Überlegungen und vorausgehenden Gedanken bezeichnen, die vor dem Tun des Menschen stehen“ (Phys.Vorwort, PL 197,1311B).[10] Hildegard bringt sie mit den „vier Hauptwinden“ als Beweger im körperlichen und psychischen Haushalt des Menschen in Zusammenhang, wobei unter „Wind“ eine Art „energetisches Prinzip“ als Ursache für Bewegung und Veränderung zu verstehen ist. Der Mensch steht in einem Quadruvium, einem vierfachen Kräftefeld. Auf dem Weg durch seine Leidenschaften lernt er sich selbst kennen (LDO IV,98.103).

6.1 Unbewußtes wahrnehmen

Es klingt wie ein Widerspruch, daß Unbewußtes wahrgenommen werden soll und auch kann. Ein Mensch, der unbewußt handelt (das tun wir täglich tausendfach), ist nicht bewußt-los. Ein Mühlrad, das sich durch das Wasser bewegt, verliert nicht die untere Hälfte des Rades, die gerade ins Wasser eingetaucht ist. Ein halbes Rad wäre kein Rad. Vielmehr findet ein Austausch, finden Bewegung und Wechsel statt: Ein Abschnitt taucht in das Wasser, ein anderer kommt nach oben. Wir wissen, daß das Rad als Ganzes sich dreht. Dies ist ein Bild für den Menschen in seiner Ganzheit aus Sichtbarem/Wahrnehmbarem und Verborgenem/Unbewußtem.

Der Bär auf der linken Seite der Abbildung steht für das Dunkle (sog. „schwarze Feuer"), das nicht Bewußte im Menschen. Die Merkmale, die Hildegard ihm beilegt, sind: Sehnsucht, Widersprüchlichkeit und Getöse. „Im Menschen gibt es auch in großem Ausmaß, was nicht gesehen wird und nicht wahrgenommen wird ... so großes Dunkel ist im Menschen (LDO IV,105; PL 197,897B)." „Sünde" bedeutet demnach, die Erde zu verleugnen, den eigenen Anfang zu verneinen (LDO IV,23.105). Zu unserem „Anfang" gehört der Anfang unserer Gefühle in unserer Tiefe und unsere ganze Lebensgeschichte mit dem Prozeß, in dem wir noch stehen. Dies zu verneinen, schneidet uns von unserem Leben ab. Wir wollen vielleicht perfekt sein und alles richtig machen oder meinen, über einer Sache zu stehen und verletzende Worte weggesteckt zu haben. Doch wir sind Meister darin, uns selbst zu täuschen in Gefühlen, Worten und Taten. Der verborgene, aber um so mächtigere Einfluß auf unser Tun ist uns nicht bewußt. Zu unserer Demut gehört auch die Vorsicht mit dem Wort und seiner Macht, sowie mit der Tat und ihren Folgen. Wir haben die Aufgabe, uns selber zu durchforschen und kennenzulernen; „diligenter“, wie Hildegard sagt, mit liebevoller Aufmerksamkeit, die bereit ist, aufzunehmen und zu behüten. Nach Hildegard hat jede Kreatur, die einen Namen trägt, d.h. die lebendiges Spiegelbild ist, in sich drei Bereiche: Erstens Sichtbares, d.h. den Körper als Instrument der Wahrnehmung mit all seinen Organen und ihren Fähigkeiten. Er ist das Werkzeug und Instrument, mit dem etwas getan wird. Zweitens von außen und mit der Vernunft Wahrnehmbares. Dazu gehören Wort und Tat wie überhaupt unsere Lebensäußerungen; also das, was getan wird. Drittens Unsichtbares, in dem das Woher unserer Lebenskraft verborgen ist.

Der Mensch ist nach Hildegard „vernunftbegabt und empfindungsfähig“: Vernunftbegabt, weil er verstehen kann. Empfindungsfähig (lat. sensibilis), „weil er spürt, was ihm nahe ist; weil Gott den ganzen Körper des Menschen mit Leben erfüllte, als er den Lebensodem in ihn gab“ (LDO IV,105). Aus dieser doppelten Verfassung ergibt sich das Verhalten des Menschen, daß „er auswählt, was ihm gefällt, und als nicht tragfähig zurückweist, was ihm nicht gefällt.“ Ohne diese selektive, d.h. einseitig auswählende Wahrnehmung, wären wir im Alltag gar nicht lebensfähig. Im Straßenverkehr müssen wir eben vor allem auf die anderen Fahrzeuge achten, beim Essen uns auf die Speisen konzentrieren, während eines Gesprächs können wir nicht gleichzeitig auch noch einen Brief schreiben. Und doch läuft ständig in uns auf verschiedenen Ebenen der Prozeß des Wahrnehmens, Aufnehmens und Bewertens. Dabei vergleichen wir auch unablässig mit frü-

heren Erfahrungen. Nur so gibt es ein Lernen, gibt es Entwicklung und Entscheidungen. Hildegard beschreibt diese Tatsache: „Aus seiner Natur und aus der Sehnsucht seiner Seele heraus erstrebt der Mensch das Gewand des Lebens, und da Gott keine Kreatur leer und ohne Kräfte geschaffen hat, wirkt auch der Mensch immerzu Wunderbares (LDO IV,105; PL 197,500B)." Kein menschliches Tun ist „leer". Es hat Lebenswillen und Lebensäußerung in sich. Es will Glück und Sinn. Es ist getragen von den Beweggründen, die wie ein Brunnen aus der Tiefe das Handeln speisen. Auf vielen Pfaden versucht unsere Grundsehnsucht ihr Ziel zu erreichen. Die Sehnsucht nach dem Guten und Sinnschaffenden können wir nicht abstellen. Der Mensch „weiß" darum, auch wenn er ganz entgegengesetzt handelt. Dies ist ein Wissen nicht mit der Vernunft, sondern aus seinem Empfinden und den tiefsten Kräften. In der Tradition der Kirchenväter stellt Hildegard fest, daß auch das Tun des Bösen und Zerstörenden eine Äußerung der unstillbaren Sehnsucht nach dem Paradies, d.h. nach einem Raum mit sinnvollen und offenen, aber geschützten Beziehungen ist.
Gerade wenn wir uns einreden, keine Wünsche und Sehnsüchte zu haben und selber nie nach unserem Eigennutz zu handeln, erliegen wir der Selbsttäuschung und handeln um so unbewußter. Im Rückblick beurteilen wir dann ein Gefühl, ein Wort oder eine Tat ganz anders als im Geschehen selbst: Wir waren an einem Gespräch, einer Situation oder sogar einer Lebensentscheidung beteiligt. Vielleicht brachten wir unsere Erfahrung ins Spiel, meinten noch, den anderen zu kennen und zu wissen, was gut oder falsch ist. Nach einigen Stunden, Tagen oder erst Jahren sehen wir das Geschehene in einem anderen Licht.

Wir erkennen später, daß wir Ablehnung oder Sympathie für eine Person hatten, daß Ängste in uns waren, daß wir so oder anders handelten aufgrund eines ungelösten alten Konfliktes, daß wir innerlich aufgewühlt waren oder uns alleine fühlten. Uns „unbewußte" Stimmen entschieden kräftig mit. Es kann geschehen, daß wir eine Führungsrolle übernehmen oder uns unterordnen, weil uns dazu eine alte Sehnsucht führt – die Sehnsucht nach jemandem, für den wir sorgen dürfen oder den wir glücklich machen, wenn wir sein Wollen höher stellen als uns selbst. Diese Haltungen sind in keiner Weise abzuwerten. Unbewußt kann aber ganz anderes mitspielen: Die Sorge, abgeschoben zu werden, wenn wir uns nicht unterordnen; die Angst, von einem anderen gedemütigt zu werden, wenn wir nicht mehr Macht haben als er. Nur merken wir das nicht. Wir sind fest davon überzeugt, nur das Beste für den andern zu wollen. Ebenso können wir von einer Beziehung in die nächste schlittern aus dem Wunsch heraus, geborgen zu sein. Wir fragen uns gar nicht, was wir denn von einem Partner oder einer Gruppe, der wir uns anschließen, erwarten und was wir geben möchten.

Gerade so lebensnotwendige Erfahrungen wie Verantwortung zu tragen, zu helfen, Beziehungen zu wagen sind anfällig für Täuschungen. Denn darin werden unsere wichtigsten Gefühle angesprochen und sind wir zutiefst verletzbar. Wir möchten aber Verwundungen lieber zudekken und verschweigen, weil wir die Ablehnung des anderen fürchten, der vielleicht auch noch sagt: „Und wo ist da ein Problem ...?" Unser unbewußtes Wissen erfindet Labyrinthe, um unsere Selbstachtung zu retten und uns Schamgefühle zu ersparen. Wir blenden bestimmte Wahrnehmung an uns selbst oder am anderen aus, möchten den Schmerz oder die Demütigung abschütteln, erlauben uns keine Tränen und keine Wut. Im Konfliktfall „vergeben" wir schnell, sagen: „Schwamm drüber", oder: „Ist alles meine Schuld" - und in uns toben Angst und Schuld weiter. Auf die Dauer werden sich bestimmte Verhaltensweisen und Aussagen einspielen, die geradezu stereotyp ablaufen, sobald ein bestimmter Anlaß gegeben ist. Wir verlieren uns in Verallgemeinerungen und Meinungen, sind explosiv und unfähig zu sagen, wenn wir uns konkret über einen anderen ärgern. Statt den genauen Anlaß anzusprechen, sagt eine Frau vielleicht nur noch: „Alle Männer lügen." Die Wahrheit wäre: „Dieser bestimmte Mann hat mich belogen." Oder ein Mann sagt: „Ich habe alles falsch gemacht", statt „Ich habe in dieser einen Sache falsch entschieden". Enttäuschungen unserer Zuneigung und Liebe sind besonders schmerzlich. Unsere Verallgemeinerung lautet dann: „Niemand mag mich." Versinken unsere Sehnsüchte in unsere Bitternis, verlieren wir unsere Lebenskraft. Traurig sagen wir dann: „Ich muß eben aushalten."

Wie schon gesagt wurde: Unser Leben entspringt unserer Tiefe. Die Tiefe aber ist auch das Undurchdringliche, in dem wir uns zu verirren fürchten. So beschreibt Hildegard das Symbol des Bären, der auf der linken Bildseite für das Unbewußte im Menschen steht (LDO II,28; PL 197,772C.D.773A): Das „schwarze Feuer", das von ihm ausgeht, drückt schon sprachlich einen Widerspruch aus. Ein Feuer sollte hell lodern, soll wärmen und das Dunkel erhellen, damit sich der Mensch nicht fürchtet. Ein „schwarzes Feuer" signalisiert Asche, die Qualm verbreitet. Es besteht Erstickungsgefahr. Dieses Bild symbolisiert die Orientierung des Menschen an einem Trugbild, von dem er sich täuschen läßt und das seine Vitalität erstickt. Der „Bär“ verbreitet „Getöse im Dunkeln“, das unheilvoll, verheerend, nach einem nahenden Unwetter klingt: „Er knurrt vor Zorn aus dem Bauch, verursacht Lärm und Erschütterungen und Gefahren in Unwettern.“ Bald gibt er sich schmeichlerisch mit verstellter hoher Stimme, bald listenreich oder wutentbrannt mit tiefer Stimme (Phys. VII,4). In seinem unberechenbaren Knurren und Brummen im Wald erschreckt er alle. Der Mensch schwitzt aus Angst vor dem Tier. Neben ihn stellt Hildegard die Schlange, womit ebenfalls Widersprüchlichkeit und Bedrohung ausgedrückt werden: „Zuerst gleitet sie sanft dahin. Doch plötzlich zeigt sie sich gefährlich als listenreich und wild.“[11] Die Tiere dieser Bilder sind gestaltgewordene Gedanken des Menschen, die ihn aufwühlen, ihn hin und her treiben, ihm wieder entgleiten. Beschwichtigungsversuche mit Sätzen wie „Lenke dich ab!“ oder „An der Sache ist doch gar nichts dran!“ entlasten nicht. Der Mensch fühlt sich aus sich selbst bedroht und versucht vor etwas auszuweichen, das er gar nicht fassen kann. Irgendwann bricht vielleicht eine Erinnerung mit aller Wucht auf – Hatten wir nicht endgültig vergessen wollen? Bilder der Bedrohung, des Verlassenseins und des Todes lassen sich nicht auslöschen. Gefühle, die wir in unser Nicht-Wahrnehmen verbannen wollten, kommen listenreich und schmeichlerisch zurück. Sie sind Ursache unserer Nörgeleien, der Kritik an uns und an anderen, für bitteren Spott und Zynismus.

Zum Bild vom Bären gehört das Getöse im Dunkel des Waldes und der Wolken im Unwetter. Diese Kraft ist bedrohlich, solange sie ihr Unwesen im undurchdringlichen Dickicht treibt. Andererseits gilt der Bär auch in Hildegards Texten als Freund des Menschen. Er kümmert sich sogar um ausgesetzte Kinder. Ist er jedoch ausgehungert und vom Menschen bedroht, wandelt sich seine Freundlichkeit in Angst und Rache. Auf unser Empfinden gedeutet heißt das: Lassen wir die Empfindungen unserer Tiefe verhungern, suchen sie immer intensiver nach Nahrung. Wir erleben sie aber als Bedrohung, weil sie uns im unpassendsten Augenblick in die Quere kommen. Wir leben ohne ein Bewußtsein des Dunkels in uns. Nach Hildegard gehören Licht und Dunkel zueinander wie eben Tag und Nacht. Keines soll das andere auslöschen (LDO IV,105): „Weder soll das Dunkel die Finsternis auslöschen, noch soll das Licht die Finsternis vertreiben.“[12] Erschütterungen aus dem Dunklen und Unbewußten zeigen uns die Kluft auf, über die wir unsere Brettchen legen möchten, die dann doch nicht halten. „Ein großer Abgrund“, „chaos magnum“, tut sich vor dem Mann im Gleichnis auf, der im Gefühl der Sicherheit nie den Gedanken beachtete, daß sein Leben nicht so gesichert ist, der nie wahrnahm, daß seine Sicherheit nur seine eigene Konstruktion ist (Lk. 16,26; LDO IV,105; PL 197,891C). Unsere Untiefen aufdekken zu lassen gibt uns Ruhe von der Forderung an uns selbst, einem bestimmten Idealbild entsprechen zu sollen, unerschütterlich und vorausplanend unserem Leben gewachsen zu sein. Eines entdecken wir dann auch: Unser Unbewußtes ist nie ganz durchforschbar und braucht es auch nicht zu sein. „Der Mensch ist in den Dingen der Vergangenheit und der Zukunft blind ... Alles Wissen ist nur wie ein Schatten ... Nirgends findet der Mensch Sicherheit. (LDO IV,89).“ „Die Nacht ist blind (LDO V,17).“

Widersprüchlichkeit im Bewußten und Unbewußten ist für den Menschen nach Hildegard also

immer vorauszusetzen. Der Mensch lebt „mitten im Widerspruch“ (LDO IV,26). Zu unserer Einsicht in das Leben gehört, auch das anzuerkennen und uns im Vergleich mit anderen nicht in die Kategorien von gut oder böse einzustufen. „Ja, auch das bin ich fähig zu tun“ ist ein entlastendes Eingeständnis. Die Launenhaftigkeit unserer Weisheiten und Normen zu durchschauen läßt uns lächelnd „ach so“ sagen. Wir entdecken dann vielleicht manchmal die Widersprüchlichkeit zwischen unseren Gedanken und unseren Worten. Trotz unserer Versuche der Umerziehung ist unser Gefühl unser persönlicher Wertmaßstab, der aufgrund seiner Erfahrungen mit Liebe oder Ablehnung unsere Wahrnehmung lenken kann.
Diese verborgene Wirklichkeit gehört zu uns wie der Schatten zum Licht. Der Schatten „zeigt die Gestalt, die nicht gesehen wird, so wie ein Zirkel die Gestalt, die noch nicht ausgebildet wurde, umreißt“ (LDO V,32). Mittelalterliche Buchmalerei stellt dar, wie Gott mit dem Zirkel in der Hand die Gestalt des Adam auf die Erde zeichnet und in den Kreis hinein die Proportionen des menschlichen Körpers ausmißt. Einem Menschen des Mittelalters ist mit diesem Bild auch die Vorstellung eines Architekten gegenwärtig, der auf die Erde Umriß und Bauplan eines Gebäudes zeichnet, um den Handwerkern und Künstlern zu erklären, welche Aufgaben sie übernehmen werden. Der Symbolbegriff des Schattens meint also „Entwurf der Vollgestalt“. Er zielt auf einen versöhnlichen, entlastenden, natürlichen Umgang mit unseren Untiefen. Er braucht uns nicht in Panik zu versetzen. Die Gespenster, die wir fürchten, sind oft genug aufgeblasene Nichtse, „Vogelscheuchen im Gurkenfeld“ (Jer 10,5), die uns nur ablenken von wirklicher Gefährdung unse-

rer Seele. Hildegard versteht den Schatten als „Wurzel“ (LDO V,24). Der Vergleichspunkt dabei ist das Verborgene, Dunkle: Der Schatten, den eine menschliche Gestalt hinter sich wirft, gleicht den Wurzeln eines Baumes im Erdreich. Fällt der Schatten in ein Gewässer, sieht es aus, als ob die Gestalt im Wasser „verwurzelt“ wäre. „Jedes Lebewesen hat einen Schatten; was in ihm lebendig ist, geht wie ein Schatten hierhin und dorthin.“ Es bewegt sich in seinen Absichten auf den verschiedensten Irrwegen, hat aber eine innere Wurzel, die beständig bleibt und allem Streben unterlegt ist. Der Mensch hat seine Wurzeln „wie ein Schatten“ im Brunnen des Lebens. Hildegard läßt die personifizierte Liebe (lat. caritas) sprechen: „Alles, was erschaffen wurde, war wie ein Schatten in mir“ (LDO V,24; VIII,2, PL 197,979D). Das Gehör des Menschen vernimmt „im Schatten“ (LDO V,26). Damit wird gleichzeitig eine Einschränkung und eine bestimmte Weise der Wahrnehmung angedeutet: Wir sind zwar nicht fähig, jedes Wort gänzlich so zu erfassen, wie es der andere gemeint hat; wir sind zwar nicht fähig, völlig unvoreingenommen zu hören; wenn aber unser inneres Ohr achthat auf die „Wurzel des Lebens“ (= caritas, Liebe), ist Offenheit und Verstehen ermöglicht. Wir können gelassen sein über unverstandenen Worten. Auch dem Schmerz über ein Nichtverstehen oder Nichtverstandenwerden kann nach Hildegard mit Milde (lenitas) und ohne Argwohn oder Druck begegnet werden.

In ihrem Vogelgleichnis erklärt Hildegard, daß wir auch Entspannung und Entlastung brauchen, um nicht ständig angespannt uns selber zu beobachten. Das Hörvermögen ist „wie ein kleiner Flügel für das Verständnis der Worte, die es empfängt“ (LDO IV,58.98). Die Flügel des Vogels brauchen die Luft, um sich erheben zu können. Auch der Schall der Worte erreicht das Innenohr über das von den sog. Schallwellen ausgelöste Vibrieren der Ohrmembran. (Hildegard beschreibt dies.) Der Mensch könnte gar nicht hören, wenn da nicht die Luft wäre, die ihn umgibt. Hindernisse können die Übertragung des Schalls verhindern: Eine Betonmauer schluckt allen Schall. Ein beschädigtes oder überlastetes Gehör kann nicht aufnehmen. Bei Ermüdung lockert der Vogel seine Flügel, um sich zu entlasten und wieder flugfähig zu werden. So ist es auch mit dem Menschen. Er kann nicht ständig angespannt sich und andere beobachten. Er braucht es, absichtslos wahrzunehmen und zu empfinden, mit Freude zu hören, sich daran zu freuen, daß er Lebenskraft (LDO IV,88) hat. Manchmal ist es auch nötig, die Ohren zu verschließen, um ganz bei sich sein zu können und sich nicht von den umgebenden Stimmen unter Druck setzen zu lassen.

6.2 Über sich hinaus wollen

Auf der Abbildung ist oben der Leopard eingezeichnet. Er steht für das Streben des Menschen, der über sich hinaus will, der die Verantwortung für das eigene Tun abgeben möchte, um Geborgenheit zu finden bei einem seiner Ansicht nach bedeutenden, helfenden und mächtigen anderen. Ein Mensch in dieser Verfassung über-trägt damit alte Sehnsüchte und Erfahrungen in eine völlig andere Situation und auf einen Partner, den er dann gar nicht mehr als eigene Persönlichkeit wahrnehmen kann. Er möchte abheben von der Realität und sich wie durch einen Sprung in die Luft auf das Seil über den Abgrund schwingen, um seine Künste als Seiltänzer zu zeigen und da-

für viel Applaus zu bekommen. Er will nicht daran erinnert werden, daß er abstürzen könnte. Den Mahnern weicht er aus oder weist ihnen einen Platz zu, von dem aus sie ihn bewundern sollen. Wir brauchen Erfahrung mit uns selbst, um auf solche Verschiebungen aufmerksam werden zu können. Wir benötigen auch ein Gegenüber, das uns einfühlsam darauf hinweist.
Auf den ersten Seiten dieses Buches war die Rede von der Bedeutung des symbolischen Verstehens.[13] Das eben beschriebene Streben weg von sich, die sog. Übertragung, zeigt die Gefährdung, der ein solches Denken ausgesetzt ist: Die Realität zu verleugnen und in die Welt und andere Menschen etwas hineinzuinterpretieren, was der eigenen Vorstellung entspricht. „Symbol“, lat. collatio, meint Zusammentragen, Übertragen. Die Hände ergreifen zwei Teile und legen sie nebeneinander. Aufgrund der auswählenden Wahrnehmung kann es jedoch passieren, daß die Teile nur in der Vorstellung dessen, der sie zusammenfügt, passen, nicht aber in der Wirklichkeit.
Aus Verwundungen und Enttäuschungen heraus möchten wir uns eine Sicherheit verschaffen durch einen anderen, der sein soll, was wir vermissen. Wir können ihn zum Gott erheben, dem zuliebe wir alles tun, nach dessen „Ebenbild“ wir geschaffen sein möchten. Doch wir machen ihn zu einem „deus ex machina“, zu einem „Automaten-Gott“, der funktionieren soll, wie wir es gewohnt sind: Wir erwarten Strafe und Liebe von ihm allein. Wir sprechen ihm Allmacht zu oder hätten ihn gern als ernährende Mutter. In diese Rolle können wir unseren Partner ebenso wie unseren Oberen oder Chef hineindenken. Wir werden dann auch nicht sagen, was wir möchten und was uns schwerfällt, weil wir eine Ablehnung fürchten und nichts schwerer ertragen, als

daß dieser „Gott“ sich täuschen oder einfach einen schlechten Tag haben kann. Unsere Einschätzung der Wirklichkeit wird abhängig von diesem einen oder von einer Gruppe. Wir übertragen unser Idealbild von uns selbst auf andere und verlieren uns. Solche Übertragungen sind hartnäckig, weil aus einem Entbehren von Liebe, Fürsorge und realistischer Einschätzung unserer Kräfte entstanden. Wir können ein Geschehen nicht so sehen, wie es eben gerade ist, sondern nur nach dem Schema einer hinter uns liegenden Erfahrung. Wir meinen z.B., ein Gegenüber verurteile uns, auch wenn das nicht so ist. Wir nehmen vielmehr eine Kleinigkeit wahr, ein Wort, eine Geste, die Farbe des Teppichs, um an eine Situation erinnert zu werden, in der uns jemand abgelehnt hat. Oder: Wir lehnen uns selbst ab, deshalb unterstellen wir das dem anderen. Wir nehmen die Maske einer anderen Figur, die uns gut gefällt, und setzen sie einem Menschen auf, mit dem wir es jetzt zu tun haben. Vielleicht erwarten wir eine Identifikation, eine Angleichung des anderen an unsere Sichtweise, so wie wir am liebsten „in ihn hineinschlüpfen“ möchten. Wir fürchten, kein Lebensrecht zu besitzen, wenn der andere zeigt, daß er anders ist.

Die Übertragung ist eine Facette des Hochmutes, lat. superbia, ein Über-sich-Hinausgehen im Hochgefühl des Sich-großartig-Findens. Das klingt paradox. Ein Mensch, der an andere so hohe Erwartungen hat, ist ja auch gefangen in Gefühlen der Minderwertigkeit. Doch wie Hochmut nur Elend überdeckt, zeigt ein angstvolles Sich-Kleinmachen die Sehnsucht nach Großartigkeit, um dann – endlich – geliebt zu sein. Angst und Unsicherheit treiben dazu, sich falsch einzuschätzen. Dies ist ein Leiden ohne Ende. Da wir uns so gut an den anderen anpassen (meinen

wir) und sein Wort unserer Ansicht nach Macht hat über Leben und Tod, sind auch wir auf der Siegerseite. Unsere seelische Spannkraft wird durch dieses Sich-Hochhiefen an einem anderen maßlos überfordert. Der Weg nach oben ist ein Fluchtweg. Auf die Frage: „Wo bist du?" haben wir keine Antwort und können nur alles auf den anderen schieben (Gen 3,9); denn wir haben ja kein Wissen um uns selbst. Unser Überspanntsein wendet sich zur Übertragung. Adam will „sein wie" ein Gott, er verläßt den Erdbezug und verliert sich in die Launen seiner Wünsche. Als er nach seiner Verantwortung gefragt wird, führt er zuerst die Strenge des Richtergottes an und verweist später auf Eva, die ihrerseits „die Schlange" vorschiebt. Die Täuschung wird zur Wirklichkeit umfunktioniert. Die Stimme von außen (hier: die Schlange) erhält riesige Macht. Das Gute und Sinnvolle, das getan werden könnte, wird nicht erkannt. In diesem Nicht-Sehen-Wollen gleichen wir einem Kind, das die Augen zudrückt und sagt: „Du siehst mich ja gar nicht. Wo bin ich? Suche mich!" Spielt der andere unser Spiel nicht mit, schlägt unsere Bewunderung um in Ablehnung. Kleinste Verunsicherungen lassen uns an seiner Aufrichtigkeit zweifeln. Unsere Ablehnung kommt aber verdeckt als Unterwürfigkeit daher. Illusorisch sagen wir „ich habe doch nur ...", „ich wollte doch alles recht machen" – und der andere explodiert, weil er spürt, daß unsere Beweggründe in unserer Unselbständigkeit und unserem Anklammern an ihn liegen.
Hildegard spricht vom „Wind" aus dem Rachen des Leoparden, der alles wegbläst (LDO II,16). In der Übertragung wird Wirklichkeit ganz nach unserem Gefühl und dem davon gelenkten Wollen geschaffen. Der Leopard schwankt zwischen Wildheit und Milde. Bald lehnt er sich weit nach

hinten und wendet sich dem Krebs mit seinen Scheren und Zwickeisen zu, bald springt er nach vorn schnell wie ein Hirsch (LDO II,17). Er erhebt sich wild vor Angst und vergißt alles, was er an Erfahrungen weiß. Dann verläßt ihn der Mut und er ist schwach. Er kann verwirren, kann gleichzeitig dieses und jenes Ziel verfolgen in dem Versuch, die Mitte und seine Grenzen zu finden. Instabilität und Lärmen machen ihn wild.
Im Schwanken zwischen dem Gefühl, sich unmöglich zu finden, und dem Einsatz aller Energie, um dem Leben endlich eine Richtung zu geben, kommt der Mensch nicht zur Ruhe. Er hat keinen Freiraum, seine innersten Gefühle wahrzunehmen. Bald stürzt er auf andere zu, bald zieht er sich zurück, flüchtet in eine selbstgebastelte Welt und jagt nach einem Glück, das es so gar nicht gibt. Hildegard beschreibt zwar diesen quälenden Zustand, weiß aber auch, daß ohne die starke und behende Kraft der Übertragung der Mensch gar nicht zu seiner Reife finden kann. Erst in der Erfahrung der Reaktion eines Mitmenschen kann die Andersartigkeit erfahren werden. Anders gesagt: Indem ich „anstoße“, kann ich meine Erwartung und meine Sicht der Wirklichkeit korrigieren. Die seelische Spannkraft wird gestärkt (LDO II,18).

Heilmittel gegen die Übertragung sind Hoffnung, Vertrauen, Beständigkeit und ein klares Erkennengeben des eigenen Empfindens – sowohl auf Seiten dessen, der einen anderen so in Beschlag nimmt, wie auf Seiten dessen, auf den sich alle Erwartungen richten.
Ein Weg, die Übertragung aufzuheben, ist, die „Gedankenmühle“ in uns aufzugeben (LDO IV, 44).[14] Sie mit Gewalt abzustellen wird uns nicht gelingen, da die inneren Prozesse stärker sind als

unser Wille. Die Stürme im Menschen jagen ja seine Gedanken (LDO III,9). Wie ein Rad bewegen ihn die verschiedensten inneren Stimmen. Sie entzweien ihn mit sich selbst. Er wird unzuverlässig. Für Menschen in seiner Umgebung wird es schwer, auf ihn einzugehen, weil er nicht sagen kann, was ihm helfen würde. In der Zwietracht spricht er, ohne es selbst zu hören, bei sich: „Ich hause mit allen anderen Wesen ... und drehe sie herum wie ein Rad. In jeder Lage verhalte ich mich so, wie es mir gefällt. Möge ein jeder ... tun, was er kann. Ich mache es auch so (vit.mer. IV,22).“ Damit wird alles um den Menschen herum zu seinem Spielball und zur Rechtfertigung seines Verhaltens. Er kann gar nicht sehen, daß jeder Mensch seinen eigenen Weg und eine andere Geschichte hat. Jedes Geschehen setzt er in Beziehung zu sich selbst und leidet Qualen, weil er sich Vermutungen hingibt: Hat man nicht doch über ihn geredet? Hat nicht ...?

Unsere verdrehten Gedanken jemandem sagen zu können, der nicht urteilt und doch nicht wieder genauso reagiert, wie wir es kennen und folglich erwarten, öffnet einen Ausweg. Eine sinnvolle Tätigkeit, in der etwas Lebendiges eigenständig entsteht, zeigt uns, daß Leben mehr ist als Vergangenheit. Ein sinnfestigendes Tun kann sein: Pflanzen im Garten zu pflegen. Sich in die Phantasiespiele von Kindern hineinzubegeben und die Rolle anzunehmen, die sie uns im Spiel zuweisen: „Du mußt mich suchen.“ „Ich bin das Krokodil, du der kleine Vogel.“ In einer Freundschaft Anteil an dem zu bekommen, was einen anderen bewegt. Sicherheitsstreben aufgeben zu können, weil wir den anderen nicht mehr dazu brauchen, uns selbst wie in einem Spiegel zu bestätigen.
Der Spiegel hat einen Nachteil: Er ist seitenver-

kehrt. „Etwas“ im Spiegelbild stimmt nicht, und es ist sehr schwer, rechts und links im Spiegelbild mit unseren Bewegungen vor dem Spiegel zu koordinieren. Wir sind im Spiegel nicht mit uns selbst identisch. In Hildegards Werk gibt das Spiegelsymbol einen Hinweis auf die Bedingtheit und Unvollkommenheit unseres Erkennens und damit auf mögliche Projektionen.[15]

In der Antike und im Mittelalter waren Spiegel nicht so deutlich wie heute. Sie gaben nicht genau das Abgebildete wieder, da sie matt und undeutlich reflektierten. Paulus kann deshalb sagen: „Wir sehen wie in einem Spiegel“ (1 Kor 13,12) und damit die Ungenauigkeit des Erkennens beschreiben. „Spiegel“ bedeutet „Rätsel“, Geheimnis, dunkle Andeutung, rätselhafter Umriß – auch im Blick auf den Menschen als Gottes „Spiegelbild“. Nach Hildegard kann das Paradies, aus dem der Mensch fliehen mußte, nur „wie im Spiegel“ geahnt werden (vit.mer. VI,55). In den Spiegel zu schauen heißt, aus der Ungewißheit heraus nach Gewißheit Ausschau zu halten (LDO VI,5).

In einem Brief trägt Hildegard dem Abt von Hirsau auf (ep.34): „Sei ein Spiegel des Lebens in den Augen des Lebens.“ Er soll nicht die Erwartungen anderer widerspiegeln, sondern das Leben. Er hatte an Hildegard doch ziemlich verklärend geschrieben: „Mein Wunsch ist es, dich zu lieben und zu verehren, dir und den Deinen zu dienen.“ Hildegard richtet ihn nüchtern auf die Aufgabe und Verantwortung aus, die er als Seelsorger hat. Sie wehrt die Übertragung von Wünschen und Vorstellungen auf ihre Person ab. Damit verhindert sie symbiotisches[16] Verhalten, das Wachstum hindert, weil es keinen Raum zur Entfaltung und für eigene Erfahrungen mit Fehlern lassen kann.

Erinnernd alte Situationen nochmals anzusehen kann den Weg aus der Erwartung eines unreifen Einsseins mit dem andern öffnen. Erinnern und erzählen bedeutet erinnern und „durcharbeiten". Das Volk Israel tat dies, um die Schrecken des Auszugs aus Ägypten zu bewältigen (Dtn. 8,2; 32,7; Ps. 77,6): „Gedenke des Weges! Erinnere und erzähle!" Damit werden Anfang, Weg und Geschichte, Schmerzen und Rettung anerkannt und in einen Prozeß der Versöhnung und Befreiung aufgenommen. Dieses Erinnern kann beinhalten, eine Begegnung noch einmal vorüberziehen zu lassen, den Ort zu erinnern, einen Geschmack zu erinnern, einen Anblick zu vergegenwärtigen, ein Geräusch und eine Stimme noch einmal zu hören. Nachzuempfinden: Was hatte ich an? War mir kalt oder warm? Wie waren mein Atem und meine Stimme? Was hatte ich mir gewünscht? Habe ich Trauer als Frösteln wahrgenommen, Freude als Appetit auf gutes Essen? Wie ist mir ein anderer Mensch in Erinnerung? Weshalb fühlte ich mich nicht wohl mit ihm? Gefühle, die schmerzlich sind, erinnern wir nicht gerne, weil dann auch der Verlust wieder spürbar wird, den wir doch vergessen wollten. Aber im Wahrnehmen von Situationen, die zu unserem Leben gehörten, gewinnen wir, wie Hildegard sagt, „Geschmack" von uns selbst (LDO IV,35). Wir können Vertrauen aufbauen und sagen: „So war es. So ist es jetzt. Ich habe mich verändert durch neue Erfahrungen. Auch der andere ist anders, als ich dachte."

6.3 Wiederholen

Eine Erfahrung kann so schlimm gewesen sein, daß sie uns ständig noch „nachgeht". Obwohl wir es eigentlich nicht möchten, wiederholt sich die Situation, wiederholen sich Worte ständig in unseren Gedanken und Gefühlen. Irgendwann müssen wir womöglich feststellen, daß wir im Kontakt mit einem anderen genau dieselben Vorgänge wieder inszeniert haben. Zwar möchten wir sehnlichst herauskommen aus den alten Erinnerungen, doch sind wir wie gefangen in einem Käfig von Gefühlen und Wortfetzen. Wir möchten ein Gespräch führen, einem anderen sagen, wie uns zumute ist, und doch schnürt es uns die Kehle zu, weil wir, noch ehe wir mehr vom Gegenüber wissen, vermuten: „Er/sie wird gewiß kein Interesse an mir haben." Oder: „Er/sie ist oberflächlich." „Er/sie sagt mir nicht, was er/sie wirklich über mich denkt." „Man wird bestimmt über mich reden und alle informieren, daß ich ein unmöglicher Mensch bin." Wir wiederholen eine alte Erfahrung, indem wir den andern ebenso verurteilen wie uns selbst.

Vor solcher Situation haben wir große Angst und können sie doch genau wieder durchleben.

Auf der Abbildung des Kosmosmenschen ist rechts der Löwe zu sehen. Er verkörpert diese Zusammenhänge (LDO II,23; PL 197,768C. 769A.B). Ihm wird zugeordnet die Hitze des Südwindes, die keimende Pflanzen vertrocknen läßt. Der Löwe ist stark und stürzt sich Hals über Kopf nach vorne. Im Verlauf der Zeit ist er sogar übermächtig. Er verursacht „Zusammenkrachen und Reißen des Himmels", indem er sich bald hierhin, bald dorthin streckt. Er ist leicht dabei, sich zu demütigen, kann aber listigen Hinterhalt legen. Er kann sanft atmend sein und doch Schläge und Stöße verteilen. Sein Gebrüll schon flößt Angst ein.

Vor allem symbolisiert er die Angst vor einer Verurteilung. Er vermittelt aber auch die Illusi-

on von Stärke. Gerade seine Kraft und Tapferkeit haben jedoch eine verletzende Seite: Er kann im „furor“, vor Raserei, den Menschen anfallen, danach aber empfindet er darüber großen Schmerz (Phys. VII,3).
Der heiße Wind ist nach Hildegard der trockene Südwind, der Schirokko der Wüste, der jeden Keim mit Sand bedeckt und den Menschen gefährdet. Er ist Bild für das Gefühl, ausgedörrt und ohne Lebenskraft zu sein, wie begraben zu liegen unter einer Last. Sobald wir uns von Niedergeschlagenheit und Verwundungen erheben möchten, trifft uns ein Wort oder eine Erfahrung wieder dermaßen, daß unsere schwache Kraft sofort wieder überfordert ist. Wir geben auf und weichen zurück. Oder wir stürzen uns Hals über Kopf nach vorne in Arbeit, in Ablenkung, in die Suche nach neuen interessanten Freunden. Möglicherweise tun wir beides nacheinander oder gleichzeitig. Innerlich ausgebrannt wollen wir davonlaufen. Damit entsteht in uns ein Konflikt, der das „Reißen des Himmels“, d.h. der discretio, nach sich zieht (vgl. Kap. 4.1). Wir sind dabei sehr erfinderisch, uns selbst auszutricksen. Wir sagen vielleicht: „Ich habe jetzt keine Zeit, mich mit Nachdenken aufzuhalten. Die Arbeit geht vor.“ Das klingt sehr arbeitsam, gefährdet aber unsere Vitalität. Wir fügen eine unbewältigte Erfahrung zur anderen. Unser Nichtbeachten und heroisches „Augen zu und durch“ wird zur Methode. Im Nicht-Wahrnehmen-Wollen dessen, was uns so weh tut, erbauen wir eine Ruine. Hildegard spricht von der „exaltatio ruinae“, vom „Hochziehen einer Ruine“ (LDO V,27; PL 197,924D). Schon in der Sprache werden zwei Begriffe zusammengefügt, die einander ausschließen: Ein Baumeister errichtet einen kunstvollen Bau über einem guten Fundament auf festem

Grund, er setzt keine Ruine, den Inbegriff von Einsturz und Gefährdung, in den Sand. Natürlich spüren wir manchmal, daß wir an einer Ruine bauen. Erinnert uns ein anderer (ungewollt) daran, leugnen wir oder verteilen Schläge, um die Beunruhigung abzuwehren. Mahnende Stimmen aus uns oder von außen halten wir nieder. Unsere heftige Reaktion zeigt unsere Angst. Wir fürchten, vor uns selbst und anderen zu scheitern und gnadenlos verurteilt zu werden. Die strengsten Richter sitzen dabei in uns selbst. Sie urteilen hart: „Alles nicht geschafft! Du bist ein Nichts!" Gegen das befürchtete Urteil bäumen wir uns auf. Weil wir aber verletzt sind, verletzen wir im Schmerz uns selbst immer weiter. Sagt uns jemand ein gutes Wort oder zeigt uns durch seine Nähe, daß er uns nicht verurteilt, sagen wir ihm laut oder wortlos: „Bilde dir nur ja nicht ein, daß ich dich bräuchte. Du bist auch nicht anders als die anderen, die mir wehgetan haben." Unsere Ablehnung ist ein Schrei nach Hilfe und Angenommensein. Ein Mensch in diesem Zustand zittert vor Angst. Er fühlt sich ausgeliefert an das Gegenüber und an seine Gefühle.

Heilmittel sind nach Hildegard Gelassenheit, Klugheit und Geduld, die „Kraft, die kein Pfeil durchbohren kann" (LDO IV,105). Beständigkeit und Vertrauen sollen den Menschen dahin führen, daß er sich selbst erlaubt, glücklich zu sein. Das Gegenüber, mit dem dieser Prozeß durchschritten wird, soll gütig und mild sein, aber eindeutig und ohne Verstellung, indem es die Wiederholung nicht als letzte Realität dieser Beziehung akzeptiert. Die Aufgabe des Begleiters ist, die discretio einzuführen, die Unterscheidung zu vermitteln (lat. discernere). Er setzt auch einen Terminus, eine Grenze und ein Ende der

Übertragung, aber er setzt nicht unter Druck. Er führt zur Eigenständigkeit auch dadurch, daß er anders als unheilvoll erwartet reagiert. Das kann schmerzlich sein, aber ein Leben wird dadurch geöffnet für seinen eigenen Wert, der nicht im Vergleich mit dem anderen entworfen wurde. Es geht also hier um die therapeutische Dimension der discretio, wie sie von Hildegard häufig beschrieben wird. Discretio (Fähigkeit zur Unterscheidung) ist Wärme (LDO IV,47). Sie ist eine ausgeglichene und ausgleichende Kraft. Ihr oberstes Prinzip ist, im Menschen „das Gute zu umarmen" (LDO V,23). Sie kann beides: Aktiv wirken und eingreifen oder durch Nur-Dasein den andern helfend stützen in seinen Lebensaufgaben (LDO V,29). Sie ist lebendige Erkenntnis des Sinnschaffenden und schaut auf die gesamte Schöpfung. Ihre Kraft kommt aus der Freiheit ihres Erkennens (LDO V,22.23).
In dieser stützenden Funktion ist die discretio wie das Firmament des Himmels. Einer der schönsten Texte Hildegards soll hier wiedergegeben werden: „‚Gott nannte das Firmament Himmel (Gen 1).' Durch die Einhauchung des Heiligen Geistes im Menschen nennt Gott die Unterscheidungsfähigkeit Himmel. Sie ist wahrhaft die sicherste Bezeichnung für den Himmel; denn wie das Firmament diese ganze sinnvolle und schöne Ausstattung,[17] die der Welt Licht gibt, sie regiert und erhält, in sich schließt, so enthält die Unterscheidungsfähigkeit in sich alle Werkzeuge (instrumenta) der Kräfte, die aus Gott hervorgehen, mit denen Körper und Seele gelenkt werden. So wird, was innen verborgen ist, nicht abgeschwächt und was außen ist durch Prahlen nicht verfinstert. ‚Es wurde Abend und es wurde Morgen (Gen 1).' So geschieht es auch in dem Menschen, der in seiner guten Gewohnheit ein

abendlicher Mensch ist, daß er alle seine Taten in der Unterscheidungsfähigkeit vollbringt (LDO V,27).“

Die discretio wölbt sich wie ein Himmel über ein ganzes Leben. Sie ist gleichzeitig Beweglichkeit und Feste über dem Abgrund (LDO V,24): Beweglich im Symbol der Gestirne und Kosmoskräfte; fest im Symbol des Himmels, der sich über die Erde und ihre Tiefen wölbt. Hildegard beschreibt hierin die Grundlagen der Lebendigkeit des Menschen. Durch die Gegensätzlichkeit von Beweglichkeit und Festigkeit gibt sie eine Struktur in den Prozeß des Einswerdens mit sich selbst: Beweglichkeit in den Entwicklungsstufen, Erfahrungen und Entscheidungen ist kein Gegensatz zum Streben nach einer verläßlichen Lebensregel. „Was innen verborgen ist“, braucht unsere unbedingte Aufmerksamkeit, wollen wir uns nicht täuschen. „Was außen ist“, hat seine Bedeutung für unseren Weg und soll nicht durch einseitige Orientierung fehlgedeutet werden. Eine festgefahrene und einseitig ausgerichtete Lebensregel kann revidiert werden. Ein Heilungsprozeß, der Zeit braucht, kann den Anfang der Verwundung erreichen. „Ende und Anfang der Kräfte berühren sich (LDO V,27).“ Die capacitas wird wieder aktiviert; denn die einseitig auswählende Wahrnehmung wird aufgehoben. Discretio bedeutet dem lat. Wortstamm nach : Wirklich hinsehen, genau wahrnehmen, unterscheiden zwischen nützlich und nutzlos (LDO IV,98; PL 197,880B; vgl. Kap. 4.1). Wenn wir erkennen, daß unser Empfinden unsere Realität erschafft, werden wir verantwortlich für unsere Gefühle. Wir erkennen, daß wir unseren Anteil daran haben, wenn wir in Abhängigkeiten geraten, weil wir versorgt und geborgen sein möchten. In die Wiederholung können wir gerade dann schlittern, wenn wir meinen, jetzt endlich alles ganz anders und besonders großartig zu machen und uns gegen einen neuen Entwurf von uns austauschen zu können. Wiederholen bedeutet, nicht weggeben zu können, wieder herholen zu wollen, was einmal war. In der Illusion des Besonderen geraten wir schnell an Leitbilder, die sich als Lügner erweisen. Wir sind dann sozusagen von einer Nabelschnur an die nächste geraten, die uns mit Worten versorgt, die uns sagt, was unser Leben ist, die uns mit allem Bedarf an Sicherheit der Normen und Urteile bedient. Die genannte „Abnabelung" und Trennung vom Idealbild dient dazu, daß wir unsere innere Verwurzelung eigenständig finden. Für den erwachsenen Menschen hat der Nabel nicht mehr die Bedeutung wie für das Kind im Bauch der Mutter. Der Erwachsene hat das Gehör, mit dessen Hilfe er wahrnehmen und entscheiden kann (vgl. Kap. 2.4). Der Nabel ist Zeichen dafür, daß wir nicht einfach in einen anderen hineinkriechen können, um bewahrt zu sein vor dem eigenständigen Leben. Er zeigt uns, daß es eine „Kluft" gibt zwischen mir und dem anderen, weil jeder ein ganzes Universum ist. Ebensowenig können wir uns in die Welt verlieren oder in der Natur nur schwelgen. Wir sind auch mehr, als unsere Pflichten und Rechte aus uns machen. Wir wissen auf viele Fragen keine Antwort und sind ratlos in Krisen. Hildegards Symbolsprache nennt den Nabel „die Stärke des Bauches" (LDO IV,76). Den Bauch versteht sie als „Erdreich", den Nabel als dessen innerste Mitte. Je offener unser Wahrnehmen ist, desto fruchtbarer wird unser Leben.

6.4 Begehren

Als viertes Tier erscheint zu Füßen des Menschen der Wolf (LDO II,20-22; III,9). „Er haust verborgen im Wald und wird reißend, wenn er Nahrung sucht.“ Er ist der Inbegriff von lähmender Angst, gegen die der Mensch nichts stellen kann, da er der Bestie unterlegen ist, die ihn mit Schrekken fixiert. Der gräßliche Mundgeruch und die funkelnden Augen des Wolfes sind unheimlich und vernichtend. Er ist ein schnelles und starkes Tier. Merkmal des Wolfes ist auch seine Nacktheit, Symbol der „nackten Angst“ des Menschen vor Vernichtung und Strafe für Unerlaubtes. Einmal wild geworden reißt die Kraft des Wolfes Zäune nieder und zerstört die aufkeimende Saat. Er gähnt und streckt sich in der Gier nach immer mehr. Der Mensch ersehnt als einzige Rettung die rechtzeitige Flucht.

Die Beschreibung, die Hildegard hier gibt, begegnet seit der Antike und in mittelalterlichen Texten als Symbolsprache für die „Triebhaftigkeit“ des Menschen. „Trieb“ meint Impulsivität, Instinkt, Begierde, lat. libido, concupiscentia, die stärkste und vitalste Kraft im Menschen, die zwar unterdrückt, aber nicht beherrscht und nicht ohne Schaden für den Menschen geleugnet werden kann.[18] Ein „getriebener“ Mensch, wie wir ihn üblicherweise charakterisieren, hat keine Kraft, sich Rechenschaft darüber zu geben, was er tut und weshalb er etwas tut. Alle seine Lebensenergie scheint in sein Umgetriebensein gesammelt. Umfassender verstanden zeigt sich der „Trieb“ als das Begehren nach Leben ohne Tod, nach liebendem Einssein mit einem Gegenüber. Die libido will aus dem unzulänglichen und mangelhaften Symbol eine Ganzheit verwirklichen (vgl. Kap. 1.4). Der Schrei nach Leben, der die Psalmen durchzieht (Ps. 91), ist Ausdruck dieses Strebens. Der Name „Eva“ entstammt der hebräischen Wurzel für „Leben“, das weitergegeben wird. Da Hildegard die Schriften der Kirchenschriftsteller und der Antike kannte, waren ihr solche Inhalte vertraut. Ihr Verarbeiten dieser Tradition, die eine Fülle von Bildern verwendet, um sich beschreibend der Tiefe der menschlichen Seele anzunähern, läßt zweierlei erkennen: Zum einen blickt Hildegard mit weit geöffneten Augen auf die Tiefenstruktur des Menschen und sein Begehren. Zum andern löst sie dabei zutage tretende Gegensätze nicht schnell auf. Ihre Wahrnehmung ist fähig, Widersprüchliches zu erkennen und nebeneinander bestehen zu lassen.

Womöglich ist es ja gerade diese „Ambivalenz“, die Fähigkeit, Entgegengesetztes zu wollen und zu empfinden, die uns mit uns selbst sehr ungeduldig sein läßt. Gleichzeitig Liebe und Wut gegenüber ein- und demselben Menschen zu empfinden, will uns innerlich zerreißen, und wir meinen, das sei doch unmöglich. Eine Entlastung von Vorwürfen gegenüber uns selbst kann es sein, zu wissen, daß diese Fähigkeit zu Gegensätzlichem in die Lebendigkeit mitgegeben und deshalb „ganz normal“ ist.

Nach Hildegard sind „in den Menschen die hohen und niederen Geschöpfe eingezeichnet“ (Kap.2). Der Mensch ist „Erde“, die aufnehmen kann, um wachsen zu lassen. Nabel- und Genitalbereich bezeichnet Hildegard als „fruchttragende Erde (LDO IV,69.77). Die Erde ist die „Mutter alles Wachsens“ (LDO IV,27). Zu ihr gehört das Undurchdringliche, die Tiefe, in der das Begehren nach Leben wach ist (LDO IV,86). Triebe von Pflanzen sind Vorboten der Blüte

und Frucht. Wie intensiv erwarten wir, wenn wir Samen ausgelegt haben, daß der erste Trieb die Erde durchstößt. Wir achten auf gute, lokkere Erde und ausreichend Wasser und pflegen die schwache Pflanze. Der „Trieb“ als Wunsch nach Lebensglück und Erfüllung der Sehnsucht, nach Wachsen und Sich-Entfalten ist dem Menschen eingesenkt wie der Pflanze; daß sie wachsen will und wächst, wird ihr niemand zum Vorwurf machen. In einem anderen Bild gesprochen: Das Begehren des Menschen ist selbst wie ein Organ, ist ein Instrument, ein Werkzeug, mit dessen Kraft und Hilfe ein ebenso kunstvolles wie im Alltag nützliches Gerät hergestellt werden kann.[19] „Gott hat die Form des Menschen ... nach dem ganzen Kosmos gebildet, so wie ein Künstler seine Formen hat, nach denen er seine Gefäße gestaltet (LDO IV,97).“ Krankheit entsteht dann, wenn ein Organum sich nicht entfalten kann, weil ihm lebensnotwendige Nahrung nicht zugeführt wird oder weil es zu schwach zum Austausch der Stoffe mit den anderen Organen ist (LDO IV,88).
Hildegard möchte, daß der Mensch alle seine Kräfte als Organum einsetzt (LDO V,27). „Wie Gott das große Instrument des Firmamentes nach ausgewogenem Maß bemessen hat, so hat er auch den Menschen in seiner kleinen kurzen Gestalt bemessen (LDO IV,97).“ Im Einsatz aller zur Verfügung stehenden Kräfte ist der Mensch selbst Schöpfer und kunstvoller Gestalter seines Lebens. Er kann gelöst auf seine Möglichkeiten blicken und sich am Reichtum seiner Wahrnehmung freuen. Je mehr wir aber versuchen, sog. Triebe abzustellen, desto egoistischer und einseitiger werden wir uns selbst und andere wahrnehmen. Wir wollen etwas verbergen, das sich dann auf verschlungenen Wegen einen Weg heraus aus unse-

rer Tiefe in unseren Alltag sucht. Wir schämen uns, daß wir die gleichen Probleme wieder haben und wenden Gewalt an, um sie wegzuschaffen. Eine andere Möglichkeit wäre, das, was sich in uns regt, beim Namen zu nennen, es damit lebendig sein zu lassen und ihm eine Aufgabe zu geben – so wie es von Adam im Paradies erzählt wird (Gen 2,20; vgl. Kap 3.1). Die Tiere des Gartens erhalten einen Namen. Ihre Kräfte und ihre Aufgabe im „Kosmos" des Gartens werden benannt. „Paradies" meint den umzäunten Bereich, ein sinnvolle und schöne Einheit, die ein Zaun umgrenzt. Die „animalischen" Kräfte der Tiere wenden sich nicht gegen den Menschen; denn sein Wort gibt den Körperkräften der Tiere, die viel stärker sind als der Mensch, ihre Ordnung, ihre Schmiegsamkeit und Auslastung zum Nutzen des Menschen. „Garten" ist auch Bild für den lebendigen Menschen. Die Person ist mit sich eins, wenn sie ihre Kräfte benennen und fruchtbar einsetzen kann (LDO IV,105; PL 197,899C). „Jedes Bedürfnis des Körpers, das der discretio unterstellt wird, soll an den geeigneten Platz einer festen Lebensgewohnheit gesammelt werden (LDO V,34). Der Körper soll mit dem rechten Maß gepflegt werden, so daß die Seele sich freuen kann, wenn er recht erquickt wird, und damit sie angemessene Fortschritte mit ihm machen kann, so daß er nicht durch zu große Enthaltsamkeit kopfüber zu Boden stürzt, aber auch nicht durch den Überfluß an Maßlosigkeit niedergedrückt wird." Das elementare Sehnen des Menschen, alle seine Kräfte lebendig sein zu lassen, braucht seinen Raum und Ort der Verwirklichung. Das Bild des Sammelns, des „Einholens" ins Paradies, in den umzäunten Bereich, soll nicht übersehen werden. Es bezeichnet den Prozeß des Einswerdens des Menschen mit sich selbst.

„Sammle dieses Ganze, das ich bin, aus der Zerstreutheit und Unförmigkeit“, fleht Augustinus in seinen „Bekenntnissen“, die Hildegard gewiß kannte (conf. XII,16,23). Er empfindet sich wie weggegangen aus sich selbst und möchte wieder in eine Einheit zusammenfließen. Dann sammelt sich der Mensch aus dem Vielerlei ins Eine, Wesentliche. Der Grund für das Zerstobensein in die Unförmigkeit war, daß der Mensch sich selbst im Stich gelassen und aufgegeben hatte. Von sich wegzugehen bedeutet, in die Fremde, ins „Exil“ zu gehen. Das Gleichnis vom verlorenen Sohn (Lk 15) legt Augustinus in diesem Sinn aus (Predigt 96). Weggehen von sich selbst, Weggehen vom Vater und dem Lebensraum, Weggehen von Gott, der im Innersten des Menschen wohnt, sind ein- und dieselbe Bewegung. Der Sohn will jetzt und sofort sein Erbe in Händen halten. Augenblicklich will er alles haben: Besitz, innere Reife, Sinn und Befriedigung aller seiner Wünsche. Er geht fort und ist gerade dem ausgeliefert, was er nicht wollte und nicht wahrnahm: Der Gier, dem Umgetriebensein, dem Genuß aus Haß auf seine alte Lebensgeschichte und seine augenblickliche Situation in der Einsamkeit. Er verliert den Willen, sein Leben zu gestalten, und landet in der Abhängigkeit von einem Vater-Zerrbild: Der Besitzer der Schweinezucht (Lk 15) nutzt seine Machtstellung aus und verwehrt ihm Nahrung. Das Schwein erscheint in Hildegards Visionen als Symbol unterdrückenden Machtmißbrauchs, der sich in Neid und Zerstörung austobt. Die „Sünde“ des verlorenen Sohnes besteht darin, daß er sich gegen das himmlische Werk, das er selber ist, stellt, indem er sich unterjocht in die Erniedrigung unter das Zerrbild (Phys. 7,17; sciv. III,1,5). Er droht zu versinken in das Ausgeliefertsein an seine Situation. Unter dem Ansturm seiner Gier ist der Zaun gebrochen, der das „Paradies“ noch schützte, ist zarte Saat niedergetreten. Sein Aus-sich-Hinausfallen begann im Verschieben seiner unterschwelligen Wut in die Forderung, das Erbe zu bekommen.

In der Erzählung folgt auf den Tiefpunkt die Rückkehr des Sohnes. Augustinus sagt: „Er kehrte zu sich zurück.“ Dies ist der wichtige erste Schritt. Er wird fähig, wahrzunehmen, welche Gedanken und Gefühle in ihm sind und sich selbst Fragen zu stellen, die an schmerzliche Erinnerungen rühren. Er geht zurück an den Ausgangspunkt seines Aufbruchs. Er hat neue Erfahrungen mit sich und seinen Illusionen gemacht. Ein Neuanfang hat begonnen. Nun aber ist es der Neid des älteren Bruders, der sich offen zeigt. Sein Leben lief bis jetzt ohne Aufbegehren, ohne Unmöglichkeiten. „Der ältere Bruder in uns“ kann uns keinen Fehler oder gar ein Umgetriebensein erlauben. Im lat. Wort für Neid, invidia – invidere, steckt das Wort videre, sehen. Neid kann nicht hinsehen, will nicht sehen und wahrnehmen – weder das Schmerzende in sich selbst noch das Schöne im andern. Weil er sich selbst klein macht und das Gefühl hat, zu kurz gekommen zu sein, nimmt er sich von anderen, was er entbehrt: Essen, Liebe, Geld, Trost. Seine Gurgel (vgl. Kap. 3.1) hat jedes Maß verloren. Es besteht die Gefahr des Erstickens an der Begierde. Ein beneidender und vielleicht stehlender Mensch ist ganz in seiner Tiefe davon überzeugt, ein unmöglicher Mensch zu sein, dem all das, was er begehrt, doch nicht zusteht, der aber so sehr danach lechzt, daß er es sich nehmen muß. So mußte der Sohn von den Schweinen Futter stehlen. Eigentlich stand ihm ein Festmahl zu. Er kann nicht sehen, daß Menschen für ihn da sind und daß er einen Weg gehen kann, sie zu gewinnen, auch wenn er vorerst nur warten kann, bis die Zeit zum Handeln da ist.

In ihrem Lehrbuch „Naturkunde“ (Physica) beschreibt Hildegard in den Tierbildern die Verdrehung der elementaren Lebenssehnsucht des Menschen: Nicht benanntes Begehren wird zu Selbsthaß; dieser schlägt dann um in Neid auf die anderen Lebewesen und weckt in ihnen nun ihrerseits Neid und Zerstörung. Es kommt zu der von Hildegard so genannten „Verknüpfung der Leidenschaften“ (LDO II,22): Neid, Angst, Verdrehen des Wollens, erneute „terrores“, d.h. Erschrecken vor uns selbst und Angst vor Strafe. „Als Gott den Menschen erschuf, machte er ihn im Knochenbau und in Funktionseinheiten der Organe und im Blutkreislauf und all den Wegen, welche die Seele im Körper geht ... Aber nachdem der Mensch die verbotene Frucht gegessen hatte und vor Angst schwitzte, wurde sein Blut (d.h. sein Wollen) gegen die Natur des Menschen verdreht (versus est) – so wie es jetzt ist – und auch alle anderen Lebewesen wurden gegen ihre Natur verdreht (versa; Phys. VII,4; LDO II,21).“ Ursprünglich warten die Geschöpfe darauf, welches Werk der Mensch als erstes tun wird, welchen Namen und welchen Platz er ihnen geben wird. Das verdrehte Begehren des Menschen (Hildegard selbst spricht von „libido“) wirft alle anderen Kräfte aus dem Gleichgewicht, weil ihnen Lebensraum verweigert wird. Der Wolf wird jetzt die Bestie, die der Mensch fürchten muß (Phys. VII,19). Er stellt dem Menschen nach, um ihn zu fressen. Er riecht ihn von weitem. Wenn der Mensch den Wolf nicht sieht, der Wolf aber den Menschen zuerst sieht, lähmt das Tier den Menschen. Sieht der Mensch aber die Bestie zuerst, kann er mit Hilfe seines willentlichen Strebens

(lat. intentio, vgl. Kap. 3.3) fliehen. Der Wolf will „totschütteln". Wir sagen: „Die Angst hat mich gepackt", hat sich im Nacken festgebissen. Oder: „Es hat mich geschüttelt ...", d.h. ich hatte keine willentliche Kontrolle über mein Empfinden. Entscheidend ist also, ob der Mensch sieht und anerkennt, wen er vor sich hat.
Nicht für das Leben eingesetzte „libido", Sehnsucht nach neuem Leben, schlägt um in iracundia, in Jähzorn. In der Aggression sind wir wieder „jemand". Wir scheinen den Wolf im Griff zu haben und abzuwürgen. Der „furor", die rasende Wut, entsteht als verschobene Energie. Dieses Verschieben oder Niederhalten unserer Lebensenergie vollbringen wir nicht nur im Zorn, in Aufruhr und Verbissenheit, sondern auch in der Suche nach Verzückung, in Verblendung und unsinnigem Beginnen, in der Suche nach Außerordentlichem.

Auf der Abbildung senden die Tiere ihren Hauch bis in die Mitte des innersten Rades, in das Zentrum des Netzes, das der Mensch in Händen hält. Sie hauchen „in die Mitte der Mitte", auf den Menschen in seiner genitalen Mitte (LDO II,21). Damit sagen Hildegard und der Maler des Bildes: Der Mensch ist aus Adam, aus der Erde gezeugt. Er ist ein „Setzling" des Lebens: „Der Mensch ist ein Setzling seines ganzen Körpers hinsichtlich dessen, was er sieht, fühlt, denkt und wünscht. In seinem Bewußtsein überdenkt er all sein Tun, das er wirkt (LDO IV,105, PL 197,894B)." Mit „Setzling" ist der Ableger des Weinstocks gemeint. Der Mensch wirkt in all den Kräften, die ihm gegeben sind. Die Wahrnehmung mit allen Sinnen läßt ihn teilhaben am schöpferischen Gestalten des Lebens.

7. Viriditas – Leben erneuern

Wir haben versucht, uns Rechenschaft zu geben über innerste Abläufe im Zusammenspiel von Körper und Seele. Weshalb tun wir das? Gewiß nicht, um uns in einer „Nabelschau“ nur um uns selber zu drehen. Unser Leben ist ungleich vielfältiger, als wir es in vier Aspekten einfangen könnten. Jeder Lebensweg ist unvergleichlich und nicht reduzierbar auf ein paar Prinzipien. Der Leitgedanke in den vorangehenden Überlegungen war die Haltung Hildegards, „den Menschen in liebevoller Umarmung anzublicken und den Anfang des Guten in ihm zu wissen und zu schauen (sciens et videns initium boni; LDO V,23)“. Wissen und Schauen gehören demnach zusammen. In der alten indogermanischen Sprachwurzel kommt „wissen“ aus der Sprachwurzel „schauen“ (lat. videre), das heißt aus dem sinnenhaften Wahrnehmen der Umgebung, die uns Orientierung gibt und erkennen läßt, auf welche Hindernisse und Gefahren wir achten müssen. Wir erfahren Realität, indem wir hinschauen und verstehen.

Erst wenn ich mich einem Gegenüber öffne, kann ich überhaupt wissen, daß ich angenommen bin. Dann ertrage ich auch die (Selbst-)Erkenntnis, daß mein Wollen nicht unbedingt so neutral und für andere hilfreich ist, wie ich dachte. Zu merken, daß ich einem anderen auch zu schaffen machen kann – nicht durch offensichtliche Fehler, sondern auch und mehr, wenn ich ständig alles richtig machen will und nicht sage, wenn ich mich ärgere – tut in der Tiefe weh. Ich lerne daran Lebensrealität. Ich werde frei von dem Zwang, mich rechtfertigen zu müssen für Wünsche. Wo ich anstoße, starke und widersprüchliche Gefühle entwickle, Probleme mit mir selbst habe, über-

winde ich vielleicht mein Hängen an Übertragung und Wiederholung. Unsere Maske nimmt uns den Atem, nicht unser Begehren.
Erst wenn ich mein Begehren anschaue, die Hindernisse für meine Aufnahmefähigkeit wahrnehme, Beziehungen und Spannungen durchschreite, weiß ich, daß ich lebendig bin, und finde ich den Mut, Leben zu erneuern durch Vertrauen und realistische Einschätzung meiner Kräfte. Wir fürchten unkontrollierbare Triebe, aber fürchten nicht, innerlich tot zu sein, wenn wir sie nicht anschauen. Eine passive oder aktive Haltung gegenüber den sogenannten Trieben entscheidet mit, ob wir erwachsen werden können und unser Leben immer wieder aus unserer inneren Energie, dem inneren „Brunnen“ hervorgeht. Eine passive Haltung will nicht hinsehen und ist deshalb ausgeliefert. Wir verbrauchen dann alle Energie, um unsere Lebenskraft niederzuhalten. Eine aktive Haltung befragt die Wünsche und Sehnsüchte des eigenen Herzens nach ihrem tiefsten Wollen. Wir sind dann lebendiger und können auch achtsam mit anderen umgehen. Wir fürchten nicht, zu kurz zu kommen.
Unser Leben können wir nicht erneuern durch plötzlichen Abbruch unseres bisherigen Weges und eine Flucht nach „draußen“ in die Fremde, in das Vergessen-Wollen. Wir lernen, „daß es Fremdes ist, das wir als zu uns Gehörendes angesehen haben, und daß es zu uns Gehörendes ist, das wir einst als Fremdes angesehen haben (Augustinus, Alleingespräche I,3).“

Das Wachstum und die Reife unseres Lebens beschreibt Hildegard mit dem Begriff der „viriditas“, der aufkeimenden Lebenskraft, die ebenso Anlage und Trieb wie Entfaltung und Fruchtbringen bedeutet. In allen Pflanzen und Kreaturen, auch in den unbelebten, ist die viriditas enthalten. Sie ist „grünende Frische“ (LDO V,19), ist Licht (LDO V,23,24), ist Grünen aus und über dem Abgrund (LDO V,17.24). Frau und Mann tragen sie in sich (LDO V,30; IV,105). Viriditas bezeichnet aber auch die Aktivität des Menschen im Tun des Guten und Sinnschaffenden (LDO II,18).

Für unseren Zusammenhang ist wichtig, daß Hildegard von viriditas spricht, wenn sie die vier Tiere und Kräfte behandelt.[20] Viriditas wohnt den animalischen Kräften inne (LDO II,17.18). Sie wird genannt in der Auslegung Hildegards zu „Die Erde war wüst und leer (Gen 1,2)“. Wie wir schon sahen, versteht Hildegard unter „Erde“ im übertragenen Sinn den Menschen. Die Formulierung „wüst und leer“ wird dann noch genauer erläutert. Das lateinische Wort für „wüst“, inanis, bedeutet: Unbeseelt, unvollendet; mit leeren Händen, ausgeplündert; mit leerem Magen; aber auch: selbstgefällig, erfolglos; eitel und nichtig; ohne Frucht, verdorrt.[21]

Hildegard deutet dies auch mit: Ohne erkennbare Gestalt; ohne Licht, weder von der Sonne noch vom Mond noch der Sterne; unbebaut, d.h. nicht gepflügt und ohne die Spuren von Arbeit und Schweiß. Die Reihung dieser Begriffe zeigt noch einmal, wie körperhafte Bilder für psychische Zusammenhänge verwendet werden: Ein Mensch ohne Empfinden ist „seelenlos“. Ohne körperliches und seelisches Empfinden ist er unvollendet, leer und ohne Nahrung. Sein Leben gleicht einem verdorrten Baum, auch wenn er versucht, seine schmerzliche Leere durch Streben nach oben zu überdecken. Er nimmt Unbewußtes oder Begehren nicht wahr und lebt deshalb isoliert und einsam in sich verkrümmt.

„Leer“, lat. vacua, meint: Ohne Erbe und ohne

Kleidung (die Zugehörigkeit zu einer Familie und zu einem Stand anzeigt) und deshalb schutzlos, entblößt und preisgegeben; aber auch eitel. Hildegard beschreibt dies als: Nicht zusammengefügt zu einem Ganzen, das heißt „noch nicht angefüllt“, also „leer“; ohne viriditas, d.h. ohne Samen, der Blüte und Frucht verheißt; gänzlich ohne die Vielfalt der Kreaturen. Der Weg des Sohnes aus dem Gleichnis (Lk 15) führte in diese Schutzlosigkeit, als er wegging aus sich und seine Ganzheit erst finden mußte.
Die viriditas weckt die Vielfalt der „Kreaturen“ in uns, alle Formen der Wahrnehmung unseres Körpers und unseres Empfindens auf. Capacitas, Aufnahmefähigkeit, und viriditas, die Fähigkeit, Leben zu erneuern, stehen fast für denselben Lebensprozeß. Capacitas bezeichnet dabei das Aufnehmen und Verwandeln, viriditas das Hervorbringen und Aus-sich-Entlassen. Beispielhaft ablesbar ist dieser Vorgang an der Aufnahme des Samens durch die Erde, seine Verwandlung in der Erde und das Hervorbringen von Trieb und Frucht. Das Sehnen und die Tränen des Menschen wecken die Keimkraft der viriditas. In allen Funktionen trägt die Seele die viriditas in sich. Der Umgang mit seiner Unersättlichkeit, der „Gurgel“, öffnet oder verschließt dem Menschen die Fähigkeit, aufzunehmen und hervorzubringen (LDO IV,8.21.32.54.63). „Die Grünkraft des Bewußtseins“ erwächst der „Wärme der Sinnenhaftigkeit und der Feuchte der Weisheit“ (LDO IV,68). Sich selbst und die Welt wahrnehmend und „verkostend“ steht der Mensch als lebendiges Symbol in der Welt.

[1] Dazu Kap. 7.
[2] A. Tomatis, a.O. 289.
[3] Kap. 2.1.
[4] Vgl. Kap. 4.1; 5.1; 6.3.
[5] Zu den Grundkräften G. Ziegler, MSK 77.
[6] Alanus ab Insulis, geb. ca. 1120: „Omnis mundi creatura quasi liber et pictura nobis est et speculum. Nostrae vitae, nostrae mortis, nostri status, nostrae sortis fidele signaculum."
[7] Zu „instrumentum" Kap. 6.3; 6.4; Anm. 19.
[8] Übersetzungen: G. Ziegler.
[9] Die Berichte über Hildegards Leben werden hier aus einem inneren Blickwinkel betrachtet. Natürlich hatten mittelalterliche Berichte über bedeutende Personen ein ganz bestimmtes Schema, dem sie folgten. Wir versuchen, aus dem Werk Hildegards Rückschlüsse auf ihre Person zu ziehen.
[10] Was im folgenden aus den Texten Hildegards erschlossen wird, hat die neuzeitliche Psychoanalyse als die vier Prinzipien Unbewußtes, Übertragung, Wiederholung, Trieb (wieder-)entdeckt. Es überrascht nicht, daß das Mittelalter solche Zusammenhänge erkannte, denn es fragte gerade im 12. Jahrhundert, in der Zeit der Kämpfe um die weltliche und geistliche Macht unter Kaiser Friedrich „Barbarossa", nach der Stellung des Einzelnen und dem Zusammenleben der Menschen. Orientierung für unsere Interpretation der Texte Hildegards ist nicht eine psychologische Schulmeinung, sondern die sprachliche und inhaltliche Tiefe ihrer Sprache. Wichtiger als die grüblerische Lektüre der vier Prinzipien ist die wache Aufmerksamkeit auf uns selbst und das Gespräch mit einem Gegenüber, dem wir vertrauen. Vgl. als Ergänzung zu diesen Ausführungen Anselm Grün, MSK 67, bes. Kap. 3, und Fidelis Ruppert, MSK 79, bes. Kap. 4.
[11] Vgl. die Aussage zum Diabolus Kap. 3.3.
[12] Vgl. Kap. 3.
[13] Kap. 1.4: Was ist ein Symbol?
[14] Hildegard formuliert lautmalerisch mit m- und n-Lauten: animo velut molendinum per cogitationes

circumeunte – Wenn der Geist sich durch die Gedanken wie eine Mühle im Kreis dreht.

[15] Lat. Pro-jektion, nach vorne werfen; aber auch verweisen im doppelten Sinn: Nach vorne auf etwas/jemanden weisen. Oder: Abweisen, ablehnen, wegjagen. In der Projektion verliert der Mensch sich selbst und den anderen aus dem Blick.

[16] Griech. Sym-bios, Zusammenleben; ganz in etwas / in jemandem aufgehen.

[17] Lat. „omnia ornamenta", alle Kleinodien (PL 197, 925C). Gemeint sind die Gestirne und anderen Kräfte des Kosmos. Übersetzung durch die Autorin.

[18] In der abendländischen Tradition wurde mit „Trieb" und Begehren oft genug die Sexualität verurteilt. Vgl. A. Grün, MSK 102, Kap. III,2.

[19] „Organon" ist das griechische Wort für lat. „instrumentum", Werkzeug. Unser Wort „Organ" kommt daher.

[20] Vgl. Kap. 2.2.

[21] Vgl. Lk 1,53: „Er schickt die Reichen leer (inanes) weg."

Arno Borst, Lebensformen im Mittelalter, Freiburg 1992

Martin Buber, Die fünf Bücher der Weisung, Heidelberg 1981

Hildegard von Bingen, Opera, Migne PL 197:
Acta
Briefe (=ep.)
Causae et curae
Liber divinorum operum (LDO)
Liber vitae meritorum (vit.mer.)
Lieder, ed. Barth/Ritscher, Salzburg 1969
Physica (Phys.)
Scivias (sciv.)
Vita

Richard Fester u.a.(Hg.), Weib und Macht, Fünf Millionen Jahre Urgeschichte der Frau, Frankfurt 1979

Adelgundis Führkötter, Hildegard von Bingen, Briefwechsel, Salzburg 1965 (=Briefw.)

dies., Das Leben der hl. Hildegard von Bingen, übers. u. erl., Salzburg [2]1980 (=vita; Leben)

Mary Linn Kittelson, Sounding the Soul, Einsiedeln 1996

Jacques Lacan, Die vier Grundbegriffe der Psychoanalyse, Olten 1978

Jean Piaget, Biologie und Erkenntnis, Tübingen 1974

Helmut Plessner, Die Stufen des Organischen und der Mensch, Berlin [3]1975

Richard von St. Viktor, Benjamin maior, Migne PL 196

Heinrich Schipperges, Heilkunde (Causae et curae), Salzburg [3]1957 (=caus.cur.)

ders., Hildegard von Bingen, München 1995

ders., Der Mensch in der Verantwortung (Liber vitae meritorum), übers. und erl., Freiburg 1994 (=vit.mer.)

ders., Die Kranken im Mittelalter, München 1990

ders., Welt und Mensch (De operatione dei = Liber divinorum operum), übers. u. erl., Salzburg 1965 (=LDO)

W.Storch, Scivias – Wisse die Wege, übers. u. hrsg., Freiburg 1992 (=sciv.)

Alfred Tomatis, Der Klang des Lebens, Hamburg 1987

MÜNSTERSCHWARZACHER KLEINSCHRIFTEN

Schriften zum geistlichen Leben

ISSN 0171-6360

	Grün/Dufner, **Gesundheit als geistl. Aufgabe**	(1989)	108 S.
58	Grün, A., **Ehelos – des Lebens wegen**	(1989)	88 S.
59	Staniloae, D., **Gebet und Heiligkeit**	(1990)	48 S.
60	Grün, A., **Gebet als Begegnung**	(1990)	88 S.
61	Doppelfeld, B., **Mission als Austausch**	(1990)	72 S.
62	Abeln/Kner, **Kein Weg im Leben i. vergebens**	(1990)	56 S.
63	Faricy/Wicks, **Jesus betrachten**	(1990)	40 S.
64	Grün, A., **Eucharistie und Selbstwerdung**	(1990)	94 S.
65	Doppelfeld, B., **Ein Gott aller Menschen**	(1991)	80 S.
66	Abeln/Kner, **Wie werde ich fertig m.m. Alter?**	(1992)	76 S.
67	Grün, A., **Geistl. Begleitung bei d.Wüstenv.**	(1992)	100 S.
68	Grün, A., **Tiefenpsycholog. Schriftauslegung**	(1992)	108 S.
69	Doppelfeld, B., **Symbole,** Teil 1	(1993)	112 S.
70	Doppelfeld, B., **Symbole,** Teil 2	(1993)	100 S.
71	Grün, A., **Bilder von Verwandlung**	(1993)	100 S.
72	Simons, G.F., **Religiöse Erfahrung,** Teil 1	(1993)	100 S.
73	Müller, W., **Meine Seele weint**	(1993)	68 S.
74	McDonnell, K., **Die Flamme neu entfachen**	(1993)	44 S.
75	Alphonso, H., **Die Persönliche Erfahrung**	(1993)	70 S.
76	Grün/Riedl, **Mystik und Eros**	(1993)	114 S.
77	Ziegler, G., **Der Weg zur Lebendigkeit**	(1993)	76 S.
78	Doppelfeld, B., **Symbole,** Teil 3	(1993)	88 S.
79	Ruppert, F., **Der Abt als Mensch**	(1993)	48 S.
80	Tiguila, B., **Afrikanische Weisheit**	(1993)	50 S.
81	Grün, A., **Biblische Bilder von Erlösung**	(1993)	102 S.
82	Grün/Dufner, **Spiritualität von unten**	(1994)	108 S.
83	Doppelfeld, B., **Symbole,** Teil 4	(1994)	74 S.
84	Wilde, M., **Ich verstehe dich nicht!**	(1994)	56 S.
85	Abeln/Kner, **Das Kreuz mit dem Kreuz**	(1994)	68 S.
86	Ruppert, F., **Mein Geliebter, die riesigen Berge**	(1995)	85 S.
87	Doppelfeld, B., **Zeugnis und Dialog**	(1995)	92 S.
88	Friedmann, E., **Die Bibel beten**	(1995)	112 S.
89	Müller, W., **Gönne Dich Dir selbst**	(1995)	74 S.
90	Ruppert, F., **Urwald und Weisheit**	(1995)	72 S.
91	Simons, G.F., **Religiöse Erfahrung,** Teil 2	(1995)	102 S.
92	Grün, A., **Leben aus dem Tod**	(1995)	104 S.
93	Grün, A., **Treue auf dem Weg**	(1995)	116 S.
94	Friedmann, E., **Ordensleben**	(1995)	104 S.
95	Stenger, H., **Gestaltete Zeit**	(1996)	80 S.
96	Doppelfeld, B., **Bleiben**	(1996)	74 S.
97	Schütz, Ch., **Mit den Sinnen glauben**	(1996)	60 S.
98	Johne, K., **Wortgebet und Schweigegebet**	(1996)	100 S.